Como agir com um adolescente difícil?

CB008120

Transmissão da Psicanálise
diretor: Marco Antonio Coutinho Jorge

J.-D. Nasio

Como agir com um adolescente difícil?

Um livro para pais e profissionais

Tradução:
André Telles

7ª reimpressão

Copyright © 2010 by J.-D. Nasio

Tradução autorizada da primeira edição francesa, publicada em 2010 por Éditions Payot & Rivages, de Paris, França

Grafia atualizada segundo o Acordo Ortográfico da Língua Portuguesa de 1990, que entrou em vigor no Brasil em 2009.

Título original
Comment agir avec un adolescent en crise?

Capa
Rafael Nobre

Revisão
Eduardo Monteiro
Eduardo Farias

CIP-Brasil. Catalogação na fonte
Sindicato Nacional dos Editores de Livros, RJ

N211c Nasio, Juan-David, 1942-
Como agir com um adolescente difícil?: um livro para pais e profissionais / J.-D. Nasio; tradução André Telles. – 1ª ed. – Rio de Janeiro: Zahar, 2011.
(Transmissão da psicanálise)

Tradução de: Comment agir avec un adolescent en crise?
Inclui bibliografia
ISBN 978-85-378-0694-4

1. Adolescência. 2. Psicologia do adolescente. 3. Adolescentes – Conduta. 4. Pais e adolescentes. 4. Pais – Aconselhamento. I. Título. II. Série.

11-2839 CDD: 155.5
CDU: 159.922.8

Todos os direitos desta edição reservados à
EDITORA SCHWARCZ S.A.
Praça Floriano, 19, sala 3001 – Cinelândia
20031-050 – Rio de Janeiro – RJ
Telefone: (21) 3993-7510
www.companhiadasletras.com.br
www.blogdacompanhia.com.br
www.zahar.com.br
facebook.com/editorazahar
instagram.com/editorazahar
twitter.com/editorazahar

Todo ser vivo deve morrer um pouco todos os dias,
isto é, transformar-se, sofrer o orgasmo celular
que renova e faz viver.
A cada dia, nós, adultos, perdemos um pouco de nós mesmos,
incessantemente, sorrateiramente.
Como isso é mais terrível ainda no adolescente,
em quem tudo deve mudar ao mesmo tempo, violentamente,
o corpo dissociar-se, a infância ir embora,
e a cabeça, aturdida, reconquistar penosamente
seu poder sobre o corpo!

J.-D. N.

Sumário

Meu intuito neste livro é expor minha experiência como psicanalista de jovens em dificuldade e definir junto com você, leitor, a melhor conduta a ser adotada diante de um adolescente difícil. Imagino que se você está lendo estas linhas, você deve ser um pai, um avô, um professor ou um profissional da adolescência que deseja saber o que se passa na cabeça de um jovem em plena metamorfose, o que o faz sofrer quando tem algum distúrbio e como reconfortá-lo. Desejo que a leitura destas páginas, em que proponho uma nova explicação sobre a vida interior do jovem, responda à sua expectativa. Desejo também que esse mergulho que faremos no inconsciente juvenil lhe permita aprimorar sua maneira de escutar e se dirigir aos adolescentes que vocês amam e pelos quais são responsáveis. Eis por que fiz questão de sugerir aos pais um conjunto de conselhos práticos sobre a melhor maneira de agir no cotidiano com seu adolescente difícil; e propor, aos profissionais, uma série de recomendações igualmente práticas sobre como agir adequadamente nas emergências com um jovem em estado de crise aguda.

1. Perfil do adolescente contemporâneo

Definições da adolescência

"Estou neste momento muito dividido entre
duas idades, a da infância e a do adulto.
Quando o adulto vencer a criança,
serei dono do meu nariz. Acho que
por enquanto devo estar com
60% de infância e 40% de adulto."

ALAIN, 15 anos

Antes de qualquer coisa, comecemos por definir a adolescência. A adolescência é uma passagem obrigatória, a passagem delicada, atormentada mas igualmente criativa, que vai do fim da infância ao limiar da maturidade. Um adolescente é um menino ou menina que cessa gradativamente de ser uma criança e ruma com dificuldade para o adulto que virá a ser. Definirei a adolescência segundo três pontos de vista distintos, mas complementares: um ponto de vista biológico, um sociológico e um psicanalítico. Do ponto de vista ***biológico***, sabemos que a adolescência corresponde à puberdade, mais exatamente, o início da adolescência corresponde à puberdade, esse momento da vida em que o corpo da criança de onze anos se inflama com uma surpreendente labareda hormonal. A puberdade – termo médico – designa justamente o período ao longo do qual os órgãos genitais se desenvolvem, quando surgem os sinais distintivos do corpo do homem e da mulher e opera-se um desenvolvimento físico impressionante, bem como uma significativa alteração das formas anatômicas. Para o menino, é a idade em que se produzem as primeiras ereções seguidas por ejaculação, durante uma masturbação, as poluções noturnas, a mudança da voz e o aumento da massa e da tonicidade musculares, tudo isso constituindo gérmens de uma virilidade nascente. Na menina, desencadeiam-se as primeiras regras e as primeiras sensações ovarianas, os seios ganham volume, a bacia se alarga conferindo à silhueta seu aspecto tipicamente feminino e, sobretudo, despertando nela essa tensão indefinível que emana do corpo de toda mulher e que denominamos charme. Portanto, biologicamente falando, a adolescência é sinônimo de advento de corpo maduro, sexuado, doravante capaz de procriar.

Para o ***sociólogo***, o vocábulo "adolescência" cobre o período de transição entre a dependência infantil e a emancipação do jovem adulto. Segundo as culturas, essa fase intermediária pode ser muito curta – quando se limita a um ritual iniciático que, em poucas horas, transforma uma criança grande num adulto –, ou particularmente longa, como em nossa sociedade, em que os jovens conquistam sua autonomia muito tarde, levando-se em conta os estudos prolongados e o desemprego em massa, fatores que alimentam dependência material e afetiva em relação à família. A esse respeito, observemos que, em cada dois jovens adultos, um ainda mora na casa dos pais aos 23 anos, beneficiando-se não apenas de seu teto, cada vez mais longamente, como também de seu apoio financeiro, que, com muita frequência, estende-se além desse período. Em suma, se considerarmos as duas extremidades da travessia adolescente, podemos dizer que a puberdade se inicia em torno dos onze, doze anos, ao passo que a emancipação se completa por volta dos 25 anos.

Perfil do adolescente contemporâneo

Abordemos agora o ponto de vista ***psicanalítico***, tal como o forjei em contato com meus jovens pacientes. Ora, o que é um adolescente para o analista que somos? Para começar, eis seu retrato capturado em instantâneo. Mais tarde, descreverei o adolescente a partir de sua intimidade, do fundo de seu inconsciente, tal como ele se ignora. Por ora, esbocemos sua silhueta em rápidas pinceladas. O jovem, ou a jovem, de hoje é um ser conturbado que, sucessivamente, corre alegre à frente da vida e para de repente, arrasado, desesperançado, para deslanchar novamente, arrebatado pelo fogo da ação. Tudo nele é contraste e contradição. Ele pode ser tanto agitado quanto indolente, eufórico e taciturno, revoltado e conformista, intransigente e esclarecido; num certo momento, entusiasta e, bruscamente, apático e deprimido. Às vezes, é muito individualista e exibe um orgulho desmedido, ou, ao contrário, não se ama, sente-se insignificante e desconfia de tudo. Coloca nas nuvens alguém mais velho que admira, como um rapper, um líder de gangue ou um personagem de videogame, com a condição de que seu ídolo seja diametralmente oposto aos valores familiares. Os únicos ideais aos quais adere, o mais das vezes com paixão e sectarismo, são os ideais – ora nobres, ora contestáveis – de seu grupo de colegas. Aos pais, manifesta sentimentos que são o oposto dos que sente realmente por eles: despreza-os e grita-lhes seu ódio, ao passo que a criança que subsiste no fundo dele mesmo ama-os ternamente. É capaz de ridicularizar o pai em público, enquanto sente orgulho dele e o inveja em segredo. Tais reviravoltas de humor e atitude, tão frequentes e bruscas, seriam percebidas como anormais em qualquer outra época da vida. No entanto, na adolescência, nada mais normal!

O surto criativo do adolescente

Decerto o adolescente é um ser que sofre, exaspera a família e sente-se sufocado por ela, mas é principalmente aquele que assiste à eclosão do próprio pensamento e ao nascimento de uma nova força; uma força viva sem a qual nenhuma obra duradoura seria realizada na idade adulta. ***Tudo que construímos hoje é erigido com a energia e a inocência do adolescente que sobrevive dentro de nós.*** Incontestavelmente, a adolescência é uma das fases mais fecundas de nossa existência. De um lado, o corpo aproxima-se da morfologia adulta e torna-se capaz de procriar; de outro, o espírito inflama-se pelas grandes causas, aprende a se concentrar num problema abstrato, a discernir o essencial de uma situação, a antecipar as eventuais dificuldades e a expandir-se, galgando espaços desconhecidos. O adolescente conquista o espaço intelectual com a descoberta de novos interesses culturais; conquista o espaço afetivo com a descoberta de novas formas de viver emoções que já conhecia, mas que nunca sentira dessa maneira – o amor, o sonho, o ciúme, a admiração, o sentimento do dever, a solidão, a sensação de ser rejeitado por seus semelhantes ou, ainda, a raiva. E, finalmente, conquista o espaço social ao descobrir, fora do círculo familiar e da escola, o universo dos outros seres humanos em toda a sua diversidade. Diante da importância maior agora exercida pela sociedade em sua vida, ele não demora a compreender que nada pode nascer de uma caminhada solitária. É na época da adolescência que compreendemos o quanto o outro é biológica, afetiva e socialmente vital para cada um de nós, o quanto ***precisamos do outro para sermos nós.***

Panorama das manifestações do sofrimento inconsciente do adolescente contemporâneo

Entretanto, não é com esse surto criativo do adolescente que somos mais frequentemente confrontados, nós, profissionais ou pais. Quase sempre, é um adolescente em crise que se apresenta diante de nós; um jovem com dificuldade para exprimir com palavras seu mal-estar. Ele não sabe ou não consegue verbalizar o sofrimento difuso que o invade, cabendo a nós, adultos, soprar-lhe as palavras que lhe faltam, traduzir-lhe o mal-estar que ele sente e que teria manifestado por si só se soubesse detectá-lo. Soprar-lhe as palavras, decerto, mas com bastante tato e sem fingir ajudá-lo, para não vexá-lo. Não, ***o adolescente nem sempre sabe falar do que sente porque não sabe identificar corretamente o que sente.*** Essa é uma observação que volta e meia dirijo aos pais e profissionais que se queixam do mutismo do jovem à sua frente. Se o adolescente não fala, não é porque não quer comunicar-se, é porque não sabe perceber o que vive no interior de si mesmo. Ele pode querer comunicar-se, mas não sabe identificar o que sente e menos ainda verbalizar. Dessa forma, é levado a agir mais do que a falar, e seu mal-estar traduz-se mais em atos do que em palavras. Seu sofrimento, sentido confusamente, não formulável e, em suma, ***inconsciente***, manifesta-se antes por meio de comportamentos impulsivos, não sendo conscientemente vivido nem posto em palavras.

Assim, eu gostaria de lhes propor um *Panorama das manifestações do **sofrimento inconsciente** do adolescente contemporâneo.* Essas manifestações apresentam-se diversamente, dependendo do grau de intensidade do sofrimento: moderado, intenso ou extremo. Convido-os a se deterem por um instante na *Figura 1.*

FIGURA 1

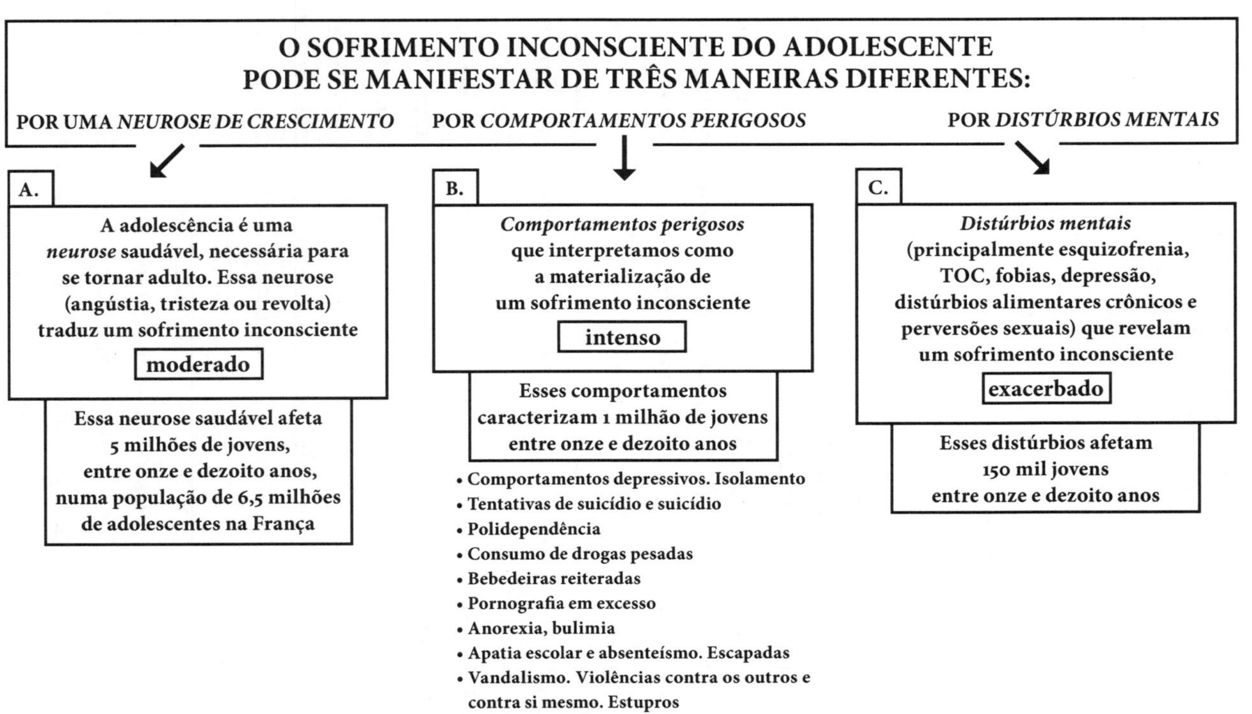
O SOFRIMENTO INCONSCIENTE DO ADOLESCENTE
PODE SE MANIFESTAR DE TRÊS MANEIRAS DIFERENTES:
POR UMA *NEUROSE DE CRESCIMENTO*
POR *COMPORTAMENTOS PERIGOSOS*
POR *DISTÚRBIOS MENTAIS*
A.
A adolescência é uma *neurose* saudável, necessária para se tornar adulto. Essa neurose (angústia, tristeza ou revolta) traduz um sofrimento inconsciente
moderado
Essa neurose saudável afeta 5 milhões de jovens, entre onze e dezoito anos, numa população de 6,5 milhões de adolescentes na França
B.
Comportamentos perigosos que interpretamos como a materialização de um sofrimento inconsciente
intenso
Esses comportamentos caracterizam 1 milhão de jovens entre onze e dezoito anos
• Comportamentos depressivos. Isolamento
• Tentativas de suicídio e suicídio
• Polidependência
• Consumo de drogas pesadas
• Bebedeiras reiteradas
• Pornografia em excesso
• Anorexia, bulimia
• Apatia escolar e absenteísmo. Escapadas
• Vandalismo. Violências contra os outros e contra si mesmo. Estupros
• Ciberdependência e uso exagerado de chats
C.
Distúrbios mentais (principalmente esquizofrenia, TOC, fobias, depressão, distúrbios alimentares crônicos e perversões sexuais) que revelam um sofrimento inconsciente
exacerbado
Esses distúrbios afetam 150 mil jovens entre onze e dezoito anos

Para crescer, todos nós fomos obrigados
a padecer duas neuroses em nossa juventude:
a primeira, entre três e seis anos,
e a segunda, entre onze e dezoito anos;
uma neurose infantil durante o Édipo
e, mais tarde, uma neurose juvenil
durante a adolescência.
Essas duas neuroses de crescimento
são neuroses saudáveis
porque são passageiras
e se resolvem por si mesmas.

J.-D. N.

Na coluna **A** do *Panorama* (*Figura 1*), indiquei a manifestação mais frequente de um ***sofrimento moderado***, a saber, a efervescência adolescente comum. Identifico a agitação adolescente a uma neurose juvenil saudável e até mesmo necessária: necessária para que o adolescente, ao término de sua metamorfose, consiga tomar posse de si mesmo e consolidar sua personalidade. Daí eu denominá-la ***neurose de crescimento***. Os sintomas mais relevantes dessa neurose salutar de crescimento, sintomas que aprofundaremos adiante mas que podemos desde já mencionar – angústia, tristeza e revolta –, são os sinais precursores da futura maturidade do adolescente e da adolescente. Eu diria que essa neurose de crescimento afeta a quase totalidade da população adolescente na França, isto é, 5 milhões de jovens, entre onze e dezoito anos, numa população de 6,5 milhões de adolescentes. Quem são esses adolescentes? São os jovens com os quais esbarramos todos os dias, incluindo os jovens pacientes que eventualmente recebemos por conta de problemas sem gravidade. Em suma, os adolescentes incluídos na categoria **A** são, em sua grande maioria, jovens saudáveis que atravessam a adolescência de maneira moderadamente conflituosa e sofrem de uma neurose passageira que qualifico de saudável porque se dissipa por si só com o tempo, sem necessidade de se recorrer a um terapeuta. No fundo, ***na presença de um ado-***

lescente difícil, isto é, neurótico, nossa melhor resposta de pais é saber esperar, da melhor forma possível, o fim da tempestade. No desfecho dessa neurose incontornável, no fim das contas benéfica, o jovem ou a jovem entram finalmente na idade adulta.

Esclareço que essa maneira de pensar a adolescência como uma neurose de crescimento é uma ideia inovadora que me foi inspirada pelo trabalho com os jovens e que proponho aos pais e profissionais confrontados com o sofrimento juvenil. Acrescento que essa neurose saudável é, de fato, a repetição na adolescência da primeira neurose de crescimento, que foi, para uma criança de quatro anos, o complexo de Édipo. Estou convencido de que a formação da personalidade do indivíduo é decidida por sua maneira de atravessar essas duas provas inevitáveis que são ***a neurose saudável do complexo de Édipo*** e, dez anos mais tarde, ***a neurose saudável da adolescência.**** Nos dois casos trata-se de uma neurose porque, ao longo desses dois períodos da vida, Édipo e adolescência, o sujeito se desune interiormente tentando responder, ao mesmo tempo, a fortes exigências pulsionais do próprio corpo (explosão libidinal) e a fortes exigências sociais (pais, amigos e valores culturais), exigências que ele introjetou e que se impõe a si mesmo sob a forma da voz interior e despótica do *supereu*. A adolescência é a idade em que as sensações corporais são tão prementes quanto o juízo crítico proveniente dos outros. É esse juízo negativo, interiorizado como autocrítica, que chamamos de *supereu*, entidade da qual voltaremos a falar adiante. Isso explica por que a neurose é justamente o resultado da incapacidade que tem o eu adolescente, ainda imaturo, de conciliar as tirânicas exigências pulsionais com as tirânicas exigências do supereu. Essa guerra in-

* Desenvolvi amplamente, em *Édipo: O complexo do qual nenhuma criança escapa* (Rio de Janeiro, Zahar, 2007), a ideia de que ***o complexo de Édipo é a primeira neurose saudável, formadora de nossa personalidade.***

testina entre um corpo tomado pelas pulsões e uma cabeça assaltada por uma moral exacerbada transforma o adolescente em uma criatura intimamente desarticulada, desunida, experimentando sentimentos contraditórios a respeito de si mesmo e daqueles dos quais depende afetivamente, em primeiro lugar os pais. Assim, ele tem reações desconcertantes, chocantes, até mesmo agressivas em relação aos que o cercam. É isto a neurose: sentimentos, palavras e comportamentos impulsivos e defasados, engendrando uma insatisfação permanente e numerosos conflitos com o outro. Ora, o fim normal dessa neurose juvenil de crescimento dependerá em grande parte da inteligência, da serenidade e, para resumir, do limiar de tolerância dos pais durante a tormenta. Tudo reside nisto: ***resistir e aceitar que nosso filho real não seja como o filho com que sonhamos***. A tarefa é difícil, pois, durante a adolescência, os pais não têm mais a paciência e a tolerância da época do Édipo. A efervescência neurótica do jovem extrapola frequentemente para a cena social e os pais são rapidamente ultrapassados. Eles se sentem mil vezes mais desarmados para administrar as turbulências de seu adolescente difícil do que para administrar o impudor inocente de seu filho de quatro anos. Voltarei longamente ao quadro clínico da neurose adolescente. Por ora, continuemos a examinar o *Panorama* da *Figura 1*.

– Reportemo-nos à coluna ***B***, onde encontramos os diferentes comportamentos perigosos que interpreto como a materialização por parte de um jovem de um ***sofrimento*** do qual ele não tem consciência, um sofrimento inconsciente que não é mais moderado, mas ***intenso***. Eu gostaria aqui de voltar um instante sobre a natureza inconsciente do sofrimento adolescente. Quando digo que o sofrimento é inconsciente quero dizer que o jovem nem sempre o sente, e jamais nitidamente; e se o sente, não consegue verbalizá-lo. Ora, quando esse sofrimento mudo é por demais intenso e incoercível, ele se exterioriza não mais através da efervescência adolescente comum, mas dos comportamentos de risco, impulsivos e recorrentes. Insisto, somos nós, psicanalistas, que interpretamos, por exemplo, determinado ato de violência perpetrado por um adolescente em fúria como a expressão espontânea de uma dor interior, não sentida, que solapa o jovem desde os dilaceramentos familiares de sua infância. No momento de seu ato, o jovem não sente nada, nem dor, nem medo, nem culpa; fica como que anestesiado, fora de si, frequentemente movido por um sentimento de onipotência e invulnerabilidade. Essa ausência de consciência de seu mal-estar subjetivo explica por que um adolescente, mesmo desesperado, não pensa em pedir ajuda. Dessa forma, persevera em sua solidão, em seu rancor e desconfiança com relação aos adultos. Entretanto, há outra razão que explica a violência que pode tomar conta de um jovem. Sem se aperceber disso, ele assume frequentemente riscos para pôr-se à prova e afirmar-se. Através da violência e da exaltação, procura a prova do próprio valor. Quer sentir-se existindo, distinguir-se dos adultos e ser reconhecido pelos colegas.

A respeito dos comportamentos perigosos, observemos que, apesar de seu caráter ruidoso e espetacular (carros incendiados, violências na faculdade e muitos outros episódios que alimentam a imprensa), eles não concernem senão a 1 milhão de jovens entre onze e dezoito anos – o que não deixa de ser um número considerável. Os comportamentos de risco que encontramos com mais frequência em nossa prática são os *comportamentos depressivos* e o *isolamento* – sobretudo nas adolescentes; as *tentativas de suicídio* – mais numerosas nas moças, porém mais fatais nos rapazes; os *suicídios consumados*, que representam a segunda causa de mortalidade nos jovens adultos depois dos acidentes automobilísticos; a *polidependência* – tabaco, álcool, maconha –, em constante alta; o consumo de *drogas pesadas*, como ecstasy, anfetaminas, heroína ou cocaína. Observo que os adolescentes em perigo de que falamos são cada vez mais jovens. Às vezes têm onze, doze anos! Novos distúrbios do comportamento igualmente precoces e alarmantes surgiram recentemente, como a *bebedeira* de sábado à noite, que quase sempre degenera em situações trágicas; a *pornografia intrusiva* via televisão e internet, em que o sexo mistura-se à violência; os distúrbios do comportamento alimentar – *anorexia* e *bulimia* em nítida escalada; bem como o *desinteresse escolar*, o *absenteísmo* e as *escapadas*, que instalam o nomadismo e fomentam atos delituosos.

A respeito dos atos delituosos, devo dizer-lhes que a maioria dos menores encarcerados são garotos sem escolaridade e abandonados a si mesmos que, antes de cometerem delito, ingerem um coquetel de drogas e bebidas alcoólicas para suprimir toda consciência e todo medo do perigo. Expulsam assim da cabeça o menor sopro de supereu para que sua fúria não conheça limites. Atualmente, assistimos a uma escalada indiscutível de *vandalismo*, bem como de *violência contra os outros e contra si mesmo*. Às vezes, as vítimas da violência são outros jovens que, por sua vez, se tornam violentos, e quase sempre violentos contra si mesmos. Penso nos piercings, não no lobo da orelha, mas no nível da língua ou dos órgãos genitais; piercings que fazem sangrar, frequentemente infecciosos. Penso nas automutilações, em particular nas escarificações, que, quando reiteradas, provocam lesões definitivas da pele. Toda essa crueldade contra si mesmo e contra os outros encerra, frequentemente – o que muita gente ignora –, uma depressão bem peculiar que não se manifesta por abatimento e tristeza. É uma depressão disfarçada, misto de mágoa e despeito, chamada por isso de "depressão hostil". ***Por exemplo, diante de um jovem violento, pergunte-se sempre qual é a decepção que, em vez de torná-lo triste, gerou seu ódio.*** Em vez de sofrer a dor de uma perda, ele conservou dentro de si o rancor de uma ofensa. Para completar a coluna **B** dos comportamentos perigosos, acrescento que o sofrimento inconsciente ganhou recentemente a forma de novas dependências sem droga, que são a *ciberdependência dos videogames* e o *uso exagerado dos chats de caráter erótico com webcam e microfone*. Nesse caso, não se trata mais de dependência de um produto, mas de dependência de um comportamento.

– Finalmente, na coluna *C*, incluímos os distúrbios mentais severos suscetíveis de se prolongar até a idade adulta, distúrbios que revelam um ***sofrimento*** inconsciente ***exacerbado*** no adolescente. Entre essas afecções, a mais dramática é, incontestavelmente, a *esquizofrenia* ou *dissociação esquizofrênica*, frequentemente acompanhada de delírios, alucinações ou retraimento autístico irredutível. Em outras ocasiões, o jovem é acometido por *transtornos obsessivos compulsivos* – TOC; *distúrbios ansiosos e fóbicos* – as fobias escolares, por exemplo; *distúrbios alimentares* muitas vezes crônicos – a anorexia e a bulimia; ou ainda uma *depressão importante* que pode levar ao suicídio. Todos eles são distúrbios mentais de tal forma incapacitantes que o adolescente se desescolariza e se marginaliza. Outra patologia mental, menos frequente, relativa aos meninos, são os abusos sexuais pedófilos praticados, por exemplo, em garotinhas de quem o adolescente *baby-sitter* cuida à noite na ausência dos pais; ou ainda os abusos incestuosos contra jovens irmãos, irmãs ou meias-irmãs.

Gostaria de insistir nesse ponto. O problema mais relevante, para nós profissionais, pedopsiquiatras, psicanalistas, psicólogos, para todos que recebem jovens às voltas com um grande sofrimento psíquico, o distúrbio mais grave, mais irreversível, é certamente a *esquizofrenia*. É o nosso câncer em psicopatologia do adolescente. Lembremos: a dissociação esquizofrênica é uma doença da juventude e não da idade adulta. Kraepelin denominara-a demência precoce. Por que esse nome? "Demência" porque o sujeito se isola da realidade e produz ideias delirantes. Na época de Kraepelin, o estado de alienação mental era qualificado de demência e não de psicose, como hoje em dia. E "precoce" para apontar que a demência aparecia relativamente cedo na vida de um indivíduo. Bleuler, o grande psiquiatra suíço, um dos mestres de Freud e de Jung, preferiu qualificar a demência precoce de esquizofrenia, "esquizo" querendo dizer dissociação, fenda, fratura; e "frenia", espírito. Logo, "dissociação do espírito" – expressão sugerida por Bleuler para assinalar que o principal sintoma do estado esquizofrênico é a fratura, a clivagem da personalidade do jovem doente, sintoma que qualificamos atualmente de "despersonalização". Em todo caso, quer seja chamada de demência precoce ou de esquizofrenia, trata-se sempre de uma psicose que se declara na adolescência.

A propósito da idade em que essa doença eclode, vocês certamente ouviram falar, certo tempo atrás, de um esquizofrênico perigoso que fugiu do hospital de Grenoble e cuja fotografia, publicada na imprensa, mostrava tratar-se de um homem de cerca de cinquenta anos. Ao verem essa foto, os leigos acreditaram que a esquizofrenia era uma patologia da idade madura. Ora, sabemos que esse doente diagnosticado esquizofrênico é, na verdade, esquizofrênico desde a adolescência; sua doença não data de hoje. Com efeito, a esquizofrenia é uma psicose crônica que se manifesta entre quinze e 25 anos, o mais das vezes em torno dos dezoito anos, no fim dos estudos do ensino médio. Sendo mais claro: a quase totalidade dos doentes esquizofrênicos viu sua psicose se declarar antes dos 25 anos. Se porventura receberem um paciente na casa dos cinquenta diagnosticado como esquizofrênico, saibam desde logo que os primeiros sinais de sua doença apareceram na adolescência. E, correlatamente, ***por ocasião da consulta com um jovem que apresenta distúrbios neuróticos severos ou comportamentos perigosos, a primeira atitude a ser tomada por um terapeuta de bom senso é procurar os sintomas típicos da***

esquizofrenia, esperando, naturalmente, não encontrá-los. É exatamente a atitude que adoto. Mobilizo todo o meu saber de psicanalista para detectar uma falha que, com todas as minhas forças, eu não gostaria de ver surgir: a dissociação esquizofrênica. Quanto mais cedo rastrearmos uma esquizofrenia nascente, mais chances teremos de sufocá-la na raiz, e, caso ela se declare abertamente, tratá-la com presteza. E isso sem ignorar que, dependendo da gravidade da doença, nosso tratamento pode ainda assim ser apenas paliativo.

No momento atual, nossos colegas psiquiatras adeptos das receitas medicamentosas não dispõem de psicotrópicos suficientemente eficazes para desenraizar uma esquizofrenia profundamente arraigada no jovem doente. A psicose esquizofrênica é uma patologia que ainda resiste à cura compreendida como remissão completa e definitiva dos distúrbios. Decerto hoje possuímos excelentes medicamentos antipsicóticos, mas eles não passam de paliativos, a despeito de estimularem um de nossos objetivos terapêuticos mais importantes: a reinserção social, escolar ou profissional do jovem paciente. Logo, para determinados doentes graves, eu diria que, na impossibilidade de obter uma cura mental, podemos esperar uma cura social. Logo, é responsabilidade do profissional detectar, desde a primeira consulta, uma eventual esquizofrenia larvada e, dessa forma, ter uma chance de intervir o mais eficazmente possível. Para detectá-la, o terapeuta não psiquiatra deve ser bem-formado e conhecer perfeitamente os sintomas característicos dessa psicose, a saber: a despersonalização – o jovem sente seu corpo como se lhe fosse estranho; ideias de perseguição que podem chegar ao delírio; alucinações, em particular auditivas, durante as quais ouve vozes que o insultam ou intimam a cometer atos extravagantes, até mesmo violentos contra si mesmo ou outro; distúrbios contraditórios da afetividade – insensibilidade emocional ou incoerência entre a natureza da emoção e as circunstâncias que a suscitam; e distúrbios cognitivos – interrupção súbita e momentânea do pensamento ou, ainda, incapacidade de concentração acompanhada às vezes de dores na área superior da coluna, quando o jovem doente faz um esforço para retomar o fio das ideias.

Todos esses distúrbios devem estar presentes na mente do profissional quando ele recebe um jovem acometido, por exemplo, de uma neurose obsessiva grave ou uma fobia escolar grave. O que significa grave? Significa que a doença é incapacitante. Uma neurose será qualificada de grave quando sua intensidade, duração ou intrusão na vida cotidiana impedirem o sujeito de viver normalmente. Se vocês acompanham em terapia um jovem acometido por uma neurose obsessiva ou uma fobia que continua a ir ao colégio todos os dias, suas notas são relativamente satisfatórias e seus colegas vão frequentemente à sua casa, podem estar certos de que sua neurose não é preocupante. Em contrapartida, se os sintomas obsessivos ou fóbicos forem mobilizadores a ponto de compelir o jovem a permanecer confinado em casa durante várias semanas e se desescolarizar, estamos possivelmente na presença de uma patologia severa que nos obriga, por princípio, a jamais excluir que a mencionada neurose possa evoluir para a esquizofrenia. Com efeito, 20% dos esquizofrênicos declarados sofreram anteriormente distúrbios neuróticos sérios, em particular distúrbios obsessivos incapacitantes. Nesse caso, a psicose é uma agravação da neurose. Alguém que esteja dirigindo o tratamento de jovens obsessivos, ao me ler, pode se perguntar: mas então a menina de treze anos que eu trato em virtude de TOC corre o risco de virar esquizofrênica? Respondo-lhe prontamente: ainda que sua obsessão seja incapacitante, não é certo que ela soçobre na psicose. É preciso saber que apenas 15% dos jovens adolescentes que sofrem de distúrbios neuróticos preocupantes são passíveis de mergulhar na psicose. Para voltar ao caso dessa menina de treze anos vítima de TOC, tranquilizo-o também lembrando que seu trabalho de psicoterapeuta, associado eventualmente ao de um psiquiatra medicamentoso, já permite vislumbrar um desfecho favorável ao tratamento da obsessão.

Eis as três categorias de manifestações do sofrimento inconsciente do adolescente: sintomas neuróticos, comportamentos perigosos e distúrbios mentais. Em cada categoria podemos encontrar casos de adolescentes vítimas de uma crise aguda. Por exemplo, na categoria **A**, a da neurose de crescimento, penso naquela adolescente, já superansiosa, que se entrincheira subitamente num mutismo obstinado. Na categoria **B**, a dos comportamentos perigosos, penso no jovem traficante eventual de maconha que, para grande pasmo de seus pais, é detido por posse de drogas; ou, ainda, na categoria **C**, a das doenças mentais – lembro-me de um rapaz de dezesseis anos, em tratamento devido a uma neurose obsessiva séria, que, em poucos dias, tendeu para um delírio de perseguição. O agravamento de seu distúrbio operou-se quando seu medo obsessivo da poeira tornou-se medo de ser contaminado pelos micróbios de outra pessoa, e, mais gravemente ainda, quando esse medo transformou-se na ideia delirante de acreditar que alguém queria intencionalmente contaminá-lo. A respeito do modo de manifestação da esquizofrenia, e para completarmos o que dissemos, esclarecemos que essa psicose juvenil pode, entretanto, declarar-se num adolescente sem nenhum antecedente neurótico grave. Por exemplo, acontece de ela explodir subitamente num jovem por ocasião de uma longa viagem ao exterior. Constatei muitas vezes que a deflagração da esquizofrenia produzia-se no momento do retorno de uma viagem a um país distante com uma cultura muito diferente da nossa. Em geral, os jovens partem temerariamente, sozinhos ou com colegas, para enfrentar o desconhecido e viver novas emoções. Ora, acontece que no avião da volta surgem brutalmente as primeiras manifestações de uma dissociação psicótica. Até aquele momento, nada deixava pressentir tais distúrbios. É justamente o oposto do jovem obsessivo de dezesseis anos que vê suas obsessões transformarem-se progressivamente em delírio de perseguição e que dei como exemplo de crise aguda.

*

Antes de prosseguir, eu gostaria de introduzir desde já duas distinções terminológicas. Acabo de empregar a expressão **crise**. Para evitar confusão, esclareço que a palavra "crise" pode ser entendida de duas maneiras: a crise considerada um *período* mais ou menos longo de ruptura e mudança – por exemplo, a crise econômica que vivemos atualmente; e a crise considerada um *momento* agudo, brutal, um *momento* de ruptura e mudança, um acidente, por exemplo, ou ainda o agravamento brusco de um estado crônico. Portanto, distinguimos "crise de adolescência" e "adolescente em crise". A crise de adolescência designa o período intermediário da vida em que a infância não terminou de acabar e a maturidade não terminou de nascer, ao passo que um adolescente em situação de crise aguda é um jovem cujo comportamento, já agressivo ou dependente, por exemplo, torna-se subitamente inadministrável por sua família. Por isso é que eu poderia ter intitulado este livro *Como agir com um adolescente em **crise aguda**?*.

A segunda precisão terminológica concerne ao novo conceito que lhes proponho: "neurose saudável de crescimento." Por que de crescimento? Porque para crescer todo adolescente é obrigado a padecer de uma neurose e desvencilhar-se dela. Ele é obrigado a sofrer o assalto de suas pulsões e a intransigência de seu superego, e a conciliá-los no fim. A prática com os jovens levou-me a substituir a expressão "crise de adolescência", corriqueira e demasiado vaga, por *neurose salutar de crescimento*, ou, mais exatamente,

histeria salutar de crescimento. Daqui a pouco lhes direi o que o vocábulo "histeria" traz de essencial à nossa compreensão do funcionamento psíquico do adolescente neurótico. Esclareço desde já que minha interpretação da adolescência como uma histeria verificou-se bastante fecunda e operacional no trabalho com os adolescentes. Peço-lhes agora – pais, professor ou terapeuta – que acompanhem minha argumentação, tendo sempre em mente este ou aquele adolescente com o qual vocês estão se relacionando atualmente, e confirmem ou não a pertinência de nossa tese.

A adolescência é uma *histeria* e um *luto* essenciais para nos tornarmos adultos

Estabelecidas essas precisões terminológicas, e antes de responder à questão sobre como agir com um adolescente em situação de crise aguda, ainda precisamos compreender melhor o que é um adolescente normal – quer dizer, moderadamente neurótico – do ponto de vista psicanalítico (categoria *A* da *Figura 1*). Esbocei o perfil do jovem e elaborei o *Panorama* das manifestações de seu sofrimento; agora gostaria de fazê-los mergulhar psicanaliticamente em seu inconsciente.

Temos duas maneiras de conceitualizar a tempestade que explode na cabeça do adolescente neurótico. Podemos, primeiro, utilizar o modelo do conflito que opõe de um lado as pulsões pubertárias que se exteriorizam em comportamentos impulsivos e, de outro, a repressão brutal dessas pulsões por um supereu impiedoso. Essa luta entre as pulsões e o supereu, entre o corpo e a cabeça, traduz-se no adolescente por uma ***neurose histérica*** difícil de ser administrada pelos pais: ***neurose não obstante saudável***, evoluindo ao longo de todo o período adolescente e se dissipando por si só no limiar da vida adulta.

Mas podemos igualmente conceber a tempestade psíquica do adolescente utilizando um segundo modelo conceitual, não mais o do conflito neurótico, mas o do ***luto da infância perdida***. A adolescência é aqui não apenas uma neurose histérica ruidosa, mas um processo silencioso, doloroso, lento e subterrâneo de *desligamento do mundo infantil*. ***Quando se está na presença de um jovem, devemos pensar que dentro dele – da mesma maneira que a cada segundo perdemos imperceptivelmente uma célula de nosso corpo – ele perde, a cada segundo, uma célula de sua infância***. É uma perda sorrateira que não se vê nem se sente, mas que persiste inexoravelmente até a conquista da maturidade. O adolescente, portanto, cresce realizando, aos poucos e à sua revelia, o luto de sua infância. Entre os diferentes sinais que atestarão o fim dessa luta e a entrada na idade adulta, há, para nós, um essencial, e ao qual voltaremos: o aprendizado de outra maneira de amar seus novos parceiros e de amar a si mesmo. ***Ter amadurecido é ter adquirido uma nova maneira de amar o outro e de amar-se a si mesmo.***

Passemos então a desenvolver essas duas abordagens complementares, que são a adolescência considerada uma *turbulenta neurose histérica* e a adolescência considerada um *luto silencioso da infância*. O que é então a adolescência? Para responder sucintamente, direi que ***a adolescência é, ao mesmo tempo, uma histeria e um luto necessários para se tornar adulto***. Comecemos pela neurose histérica.

2. A ADOLESCÊNCIA É UMA SALUTAR HISTERIA DE CRESCIMENTO

O adolescente histérico oscila entre a angústia, a tristeza e a revolta

Quando se trata de nossos pacientes adultos, ainda que cada personalidade seja única e complexa, conseguimos facilmente identificar esse ou aquele perfil psicopatológico – neurose, psicose, estado-limite ou perversão. Ora, no adolescente, mesmo o mais normal, os comportamentos são tão instáveis, contraditórios e imprevisíveis, e ele mesmo é tão pouco loquaz, que o terapeuta frequentemente tem dificuldade de se situar. Como agrupar então as diversas manifestações neuróticas habituais num jovem e por que considerar que são todas de natureza histérica?

Esquematicamente, identifico três estados do eu do adolescente histérico: um estado ***angustiado***, um estado ***triste*** e um estado ***revoltado***, este último sendo justamente o estado do eu mais característico da histeria juvenil. O primeiro estado, por assim dizer, passivo, é aquele no qual o jovem angustiado sente-se impedido de agir, desejar ou pensar. O adolescente é tímido, medroso e indeciso. Algumas vezes, seu supereu é tão repressivo diante de toda sensação ou pensamento sexual perturbador que o jovem termina por execrar seu corpo, ou, pior, ter vergonha de sentir qualquer prazer. É também a virulência de seu supereu hipermoral que leva o adolescente a se mostrar intratável em família e hostil a todo compromisso. Nesse sentido, não há nada mais sectário do que um adolescente! Eles são implacáveis! Aquele que não tem a mesma marca de tênis que os meus: FORA! Aquele que não escuta a mesma música que eu: FORA! Eles têm uma visão mais estreita e intolerante das coisas! Assim, a intransigência é característica da juventude. Por quê? Não apenas porque o supereu nessa idade é um monstro de intransigência, mas também porque o rebento do novo eu adolescente é um broto tão tenro e franzino que o jovem quer se proteger de toda ameaça proveniente do outro, do estranho, do diferente. O outro, o estranho, o diferente devem ser descartados sem piedade, na medida em que são uma ameaça à afirmação de si. Primeiro estado então, o de um ***eu amedrontado e angustiado***.

Um segundo estado bem distinto é o de um eu triste. É sobretudo o caso das adolescentes decepcionadas consigo mesmas e com a vida, cuja personalidade parece totalmente impregnada de um humor melancólico. A adolescente fica desencorajada, ensimesmada e fechada aos outros. Submetida assim à dominação de um supereu inflexível que a assoma com críticas e menosprezo, a adolescente sente-se tão culpada que pode alimentar ideias suicidas sem, necessariamente, passar ao ato. Segundo estado, portanto: o de um ***eu triste***, vítima de uma autodesvalorização exagerada, ou, o que dá na mesma, vítima da depreciação operada por um supereu tirânico. Notemos que esse estado de hipertrofia do supereu do adolescente triste está nos antípodas do estado de ausência de supereu do adolescente delinquente que age impunemente (categoria ***B*** de nosso *Panorama*).

Identificamos, por fim, um terceiro estado do eu do adolescente, o mais frequente na população adolescente masculina e o mais semelhante ao eu histérico. O jovem é suscetível, irritadiço, provocador e agressivo; um esfolado vivo que só vive no presente, ignora o passado e despreza o futuro. Seu foco é uma revolta permanente, e essa revolta é quase sempre a expressão paradoxal de uma depressão qualificada acima de hostil. Enquanto a jovem deprimida exaure-se em fomentar suas ideias mórbidas, o jovem atrabiliário, embora habitado por uma tristeza não demonstrada, não manifesta nenhum sinal de depressão. Ao contrário, exterioriza sua melancolia por meio de um humor reativo, irascível, e por comportamentos reivindicativos, niilistas e violentos. Em vez de queixar-se, o jovem depressivo-hostil retrai-se no despeito e explode numa fúria destrutiva. Sua tristeza e sua raiva misturam-se, assim, numa agressividade epidérmica. É um jovem despeitado que está diante de vocês, um ser que sofre da mesma maneira que o neurótico acometido pelo que chamo de histeria paranoide. Classifico a histeria em três tipos: a histeria de angústia ou fobia, a histeria depressiva e a histeria paranoide. A histeria de angústia caracteriza-se pela predominância dos sintomas fóbicos; é o caso do nosso *adolescente angustiado*. A histeria depressiva caracteriza-se pela predominância de sintomas como a apatia, as queixas frequentes ou a mágoa de sentir-se mal-amado; é o caso do *adolescente triste*. Por fim, temos a histeria paranoide, forma clínica que se aproxima mais do perfil do nosso *adolescente suscetível e revoltado*. A histeria paranoide caracteriza-se por uma insatisfação permanente do jovem; pelo ressentimento contra os pais, os quais acusa de não tê-lo amado bastante, quando sabemos que ele foi uma criança mimada e superprotegida; por uma hipersensibilidade diante da menor contrariedade, que ele interpreta automaticamente como uma recusa de amor por parte de sua família; e, para concluir, por um narcisismo imoderado que o torna mais vulnerável do que nunca. ***Na histeria, trata-se sempre de um amor decepcionado***. Seja angustiado, depressivo ou paranoide, nosso jovem histérico sofre invariavelmente por julgar-se mal-amado. O amor infeliz está sempre no âmago da histeria: o angustiado tem medo de amar; o depressivo chora seu amor perdido; e o paranoide grita sua raiva por ter sido abandonado. Terceiro estado então: o de um ***eu suscetível e revoltado***. Em suma, dependendo de sua personalidade, seu contexto familiar e seu meio social, o adolescente "neurótico de crescimento" oscila entre a angústia, a tristeza e a revolta. Desses três estados do eu, aquele que me levou a identificar a adolescência com a histeria, e do qual eu gostaria de lhes falar agora, é o eu suscetível e revoltado.

O adolescente revoltado é um *histérico* que teme ser humilhado

A coisa mais insuportável para um adolescente
é que lhe dirijam uma demanda:
pouco importa o conteúdo da demanda,
o que o horroriza é ser solicitado pelos pais,
ter de responder-lhes e, curiosamente, fazê-los felizes.
Mas por que ele é tão alérgico
às solicitações dos adultos?
Porque toda demanda proveniente dos pais
desperta nele dois sentimentos dolorosos:
o medo de não saber lhes responder
e a vergonha de se mostrar servil.
"Não sou sua empregada!", ele repete com frequência.

J.-D. N.

Antes de tudo, gostaria de explicar mais detalhadamente por que assimilo a adolescência a uma histeria passageira de crescimento. Por que uma histeria e não uma fobia ou uma obsessão? O que a histeria e a adolescência têm em comum? O adolescente, assim como a histérica, tem uma concepção infantil do amor, do ódio e da relação afetiva em geral. Provavelmente essa visão pueril dos sentimentos está também presente na fobia e na obsessão, mas sem ser preponderante. Cada neurose é caracterizada por uma problemática dominante. Quando você escuta um paciente que, já na primeira entrevista, lhe fala de ***amor***, ou melhor, de ciúme, traição ou paixão amorosa, você está escutando um ***histérico***; se ele fala de ***angústia***, ou melhor, de tudo que ele faz para se proteger contra a angústia, você escuta um ***fóbico***; e, por fim, se ele fala de ***poder***, ou melhor, do que ele *deve fazer* e *não consegue fazer*, você escuta um ***obsessivo***. Naturalmente, essas distinções esquemáticas são úteis apenas com a condição de serem submetidas à singularidade de cada um de nossos pacientes.

Mas voltemos ao nosso adolescente histérico e à sua visão pueril da afetividade. Ele percebe os adultos que ama e de quem depende através de uma lente deformadora de um imaginário infantil e emotivo. Para ele, como para toda histérica, o universo afetivo divide-se naturalmente em duas grandes categorias de humanos: os amados e os mal-amados, os fortes e os fracos, os dominadores e os dominados, os juízes e os réus, os "canalhas" e as vítimas, em suma, os fálicos e os castrados. Ora, quando a relação com os pais é falseada por esse imaginário maniqueísta, invariavelmente o conflito explode no seio da família. Dotado de um eu imaturo, já que inacabado, o adolescente sente-se mal-amado em lugar de amado, fraco em vez de forte, dominado em vez de dominador, vítima em vez de manipulador, e é tanto réu quanto acusador. Assim, o perigo mais temido por um jovem que se sente fraco, submisso ou culpado é justamente que suspeitem que ele seja fraco, submisso ou culpado. Se eu fosse enunciar a divisa do adolescente histérico e revoltado, esta seria: ***"Qualquer coisa, menos a vergonha de me descobrirem tal como me sinto no fundo de mim mesmo: fraco, submisso ou culpado! E para evitar a vergonha e a humilhação, devo rechaçar toda palavra, toda demanda ou toda exigência por parte dos adultos que revelariam minha fraqueza, minha inferioridade ou minha dependência."*** * Dizendo claramente, a maioria dos conflitos que irrompem entre o adolescente e seus pais é motivada por seu medo – ainda que inconsciente – de expor-se à humilhação e mostrar-se incompetente aos olhos deles, aos olhos de todos e, acima de tudo, de si próprio. Assim, para não se sentir fraco, ele é agressivo e ataca. Decididamente, a melhor defesa é o ataque!

---

* Eu deveria acrescentar que o adolescente suscetível também desconfia de todo olhar que lhe dirigem, vivido como um olhar intrusivo, profanador de sua intimidade. Penso na canção de Johnny Hallyday "Ma gueule, qu'est-ce qu'elle a ma gueule?". É exatamente a reação do adolescente melindrado diante de qualquer olhar inquisidor do outro: ***"Por que está olhando para mim? Nunca me viu? O que tem a minha cara?"***

Mas há outra humilhação mais dolorosa, mais temida ainda pelo adolescente – ela é espantosa –, ***que é a de fazer feliz o adulto que lhe dirige uma demanda!*** Explico-me. Acabo de dizer que a maioria dos conflitos do adolescente com seus pais é motivada por seu medo de se mostrar incompetente, incapaz e afetivamente dependente; agora, completo e afirmo que muitos conflitos são motivados igualmente por seu medo de corresponder à expectativa dos pais e fazê-los felizes: ***"Não suporto dar prazer aos meus pais!"***, se insurgiria o inconsciente do adolescente histérico. "Não quero principalmente que meus pais tenham orgulho de mim! Se tiverem orgulho de mim, voltarei não apenas a ser uma criança dependente, como me sentirei o objeto servil de seu prazer, e isso me dá nojo! Então, faço-os sofrer fazendo exatamente o oposto do que eles gostariam que eu fizesse!"

Em suma, as duas piores ameaças temidas por um adolescente histérico e revoltado são a humilhação de se mostrar fraco e, no lado oposto, a humilhação de se mostrar por demais conforme ao filho ideal ou à filha ideal que, segundo ele, seus pais sonhariam ter. Eis os dois roteiros habituais, eminentemente neuróticos, que se desenrolam no que chamamos de ***fantasia de humilhação do adolescente histérico.*** Notemos que essas duas variantes da fantasia angustiante de humilhação não passam de uma manifestação do que Freud denominava de fantasia angustiante de castração. Mas por que falar aqui de castração? Castração de quê? A angústia de castração é sempre o medo de perder o que julgamos mais prezar. E como chamamos em psicanálise o que julgamos mais prezar? Chamamos de "falo". ***O falo é a coisa que mais prezamos porque pensamos, erradamente, que nossa felicidade depende apenas dele.*** Por exemplo, julgando que nossa felicidade depende exclusivamente de nosso filho, corremos o risco de transformá-lo em nosso precioso falo, negligenciando assim o companheiro ou a companheira com quem, entretanto, partilhamos nossa vida. Para um pai ou uma mãe, o falo não deveria ser o filho, mas o parceiro. Por quê? Porque o meu parceiro é o eleito do qual eu espero, correta ou erradamente, a felicidade vindoura. É isso o amor, acreditar na felicidade tacitamente prometida por aquele com quem partilho minha vida. Quando recebo um garotinho na presença de seus pais, às vezes digo à mãe: "Senhora, na sua casa o rei não é o seu filho, o rei é esse cavalheiro, à esquerda, o seu marido." E se recebo uma garotinha com os pais, às vezes dirijo-me ao pai e lhe digo: "Para o senhor, a rainha da casa não é sua filha, a rainha da casa é essa senhora, sua companheira." Uma criança não pode carregar nos ombros o peso imenso da expectativa de um pai ou uma mãe que a transformam na única razão de sua felicidade. Em suma, o falo não é nosso filho. Como dizia o poeta libanês Khalil Gibran, dirigindo-se a uma mãe: "Teus filhos não são teus filhos: eles vêm através de ti, e não de ti." Gibran não era psicanalista, mas compreendeu muito bem o que era a castração ao nos lembrar que nossos filhos não nos pertencem e que nossa felicidade não depende exclusivamente deles. Resumindo, nossos filhos não são nosso falo.

E, no caso do adolescente, qual é o seu falo? ***O falo do adolescente histérico, o que ele preza acima de tudo, é seu próprio eu, seu amor-próprio.*** A rigor, o jovem não teme perder sua virilidade ou sua força, entidades que ele teria podido erigir como inestimáveis falos. Quanto à garota, não é seu charme nem sua capacidade de seduzir que ela teme perder, nem sequer o amor de seu companheiro, tudo coisas que ela poderia eleger como falos. Não, o falo para um adolescente ou uma adolescente é, insisto, seu próprio eu. Aquilo que os jovens mais prezam é seu eu, isto é, a autoestima. É intolerável para eles verem seu eu maltratado, humilhado ou degradado. ***"Não admito que me humilhem! Não quero* pagar mico!*"*** Evidentemente, ninguém suporta ser humilhado, mas o adolescente está por inteiro em estado de alerta para se defender da menor suspeita de humilhação. Tem tanto medo de ser subestimado que se mantém permanentemente na defensiva. Na verdade, o jovem sente-se tão frágil em seu íntimo e tão dependente dos pais que, para compensar o sentimento de inferioridade, desenvolve uma superestimação patológica de seu eu e uma irascibilidade igualmente patológica diante de qualquer vexação. Ele se ama, naturalmente, mas com um amor exagerado, tenso e desconfiado. É como se eu tivesse meu braço machucado na tipoia e o protegesse continuamente com a outra mão para que ninguém roçasse nele: "Preste atenção! Não toque no meu braço! Não vê que estou machucado? Preciso cuidar dele e desconfio de qualquer contato que possa me fazer mal!" Para o adolescente, é a mesma coisa com seu "pequeno" eu. Ninguém deve tocar em seu eu, no qual ele faz curativo e o qual afaga como se estivesse ferido. O falo é seu eu, o amor de si; e a castração é a angústia, o medo paranoico de que atentem contra seu eu embrionário vivido como mais frágil do que é de fato.

Vocês agora compreendem por que a angústia de uma hipotética humilhação, o medo pueril e exagerado de ver seu eu degradado, é uma variante no nosso adolescente neurótico daquilo que a psicanálise chama de angústia da castração. Assim, para resumir, eu diria que ***o adolescente sofre de uma neurose de crescimento alimentada por seu medo pueril e exagerado de ser humilhado***. Sintetizei no quadro que se segue (*Figura 2*) a gênese do comportamento histérico do adolescente com relação a seus pais. Tenho certeza de que, se compreenderem que por trás do comportamento suscetível, agressivo e intransigente de um adolescente difícil esconde-se uma criancinha assustada pelas fantasias de sua imaginação, vocês estarão na melhor disposição subjetiva para deslindar as situações conflituosas, se forem pais; ou para instalar a confiança num diálogo individual com um adolescente em sofrimento, se forem terapeutas.

FIGURA 2
Por que nossos adolescentes são quase sempre
tão difíceis de conviver?

"MEU EU É OBJETIVAMENTE FRÁGIL"

O *eu* do adolescente é frágil porque é inacabado em sua formação, e frágil também porque fica dividido entre as pulsões que advêm do corpo e um pensamento rígido que deseja reprimi-las.

"PARA CONSOLIDAR MEU EU TÃO FRÁGIL, AFAGO-O EXAGERADAMENTE"

O adolescente, sentindo seu *eu* mais frágil do que é de fato, superprotege-o desenvolvendo um *amor-próprio exacerbado* (narcisismo hipertrofiado do adolescente).

"PROTEGENDO MEU EU FRÁGIL, TORNO-ME CADA VEZ MAIS SUSCETÍVEL"

O adolescente, superprotetor de seu *eu* vivido como demasiado frágil, sente qualquer observação proveniente dos adultos como uma ferida no seu amor-próprio. Assim, para defender-se da eventualidade dessa ferida, desenvolve uma suscetibilidade doentia que faz os pais dizerem: "Não se pode pedir nada a ele!"

"RECHAÇO TODA SOLICITAÇÃO VINDA DE MEUS PAIS!"

A suscetibilidade histérica do adolescente explica-se por seu medo de não estar à altura do que se lhe pede e por sentir-se humilhado; ou, ao contrário, por seu medo de responder favoravelmente à demanda de seus pais, fazendo-os felizes, e sentir-se humilhado diante da ideia de que eles o consideram o objeto servil de seu prazer. Duplo medo de ser humilhado (*fantasia de humilhação*): *medo de se sentir humilhado caso se mostre incompetente* e *medo de sentir-se humilhado caso se mostre servil*.

Assim, o adolescente histérico, constantemente revoltado e na defensiva, torna-se intratável em casa e dificilmente administrável por seus pais.

No topo da *Figura 2*, descrevi o que considero a causa essencial da histeria do adolescente, a saber, que seu eu está comprimido entre duas forças antagônicas: as pulsões que advêm do corpo e o supereu, que tenta contra-atacá-las. Essa dupla pressão exercida sobre o eu termina quase sempre por distorcê-lo em sua substância mesma e por instalar no jovem o sentimento inconsciente de uma profunda e penosa desunião entre seu corpo e seu espírito. Mais abaixo, destaquei que a primeira defesa do adolescente para consolidar seu eu vivido como demasiado vulnerável era afagá-lo com um amor-próprio excessivo e tenso. É o que chamo de *narcisismo hipertrofiado do adolescente*. Essa superproteção de seu eu, vivido como frágil, traduz-se então pela necessidade de manter a distância todo adulto que possa solicitá-lo e, dessa forma, desvelar sua fraqueza. Por conseguinte, ele se defende desenvolvendo uma suscetibilidade mórbida, paranoide, a respeito da menor demanda que possa deixá-lo em situação de xeque. Para ele, toda solicitação é sistematicamente equivalente a uma humilhação. Isso virou um reflexo! Distingo no adolescente, portanto, dois medos de sentir-se humilhado: o medo de sentir-se humilhado caso se mostre frágil e o medo de sentir-se humilhado caso se mostre servil. O desfecho dessa lógica imaginária do adolescente é um comportamento histérico de hipersensibilidade à frustração, de insatisfação constante e de hostilidade epidérmica ao mundo dos adultos. Nossa *Figura 2* pode ser recortada em quatro tempos. Se o inconsciente do adolescente pudesse falar, admitiria: "Decerto, ***meu eu é objetivamente frágil***" → "Entretanto, ***sinto-o muito mais frágil do que ele é***, tão frágil que, para consolidá-lo, ***mimo-o exageradamente***" → "Não apenas afago-o exageradamente com um amor-próprio exacerbado, como ***superprotejo-o*** contra uma possível vexação. ***Torno-me então doentiamente suscetível***" → "***Repilo qualquer obrigação ou coerção vinda de meus pais*** para não assumir o risco de ter de me mostrar fraco ou servil."

Assim, o jovem histérico não quer saber de jeito nenhum dos adultos e isola-se. A propósito de isolamento, assinalemos que a maconha é um temível fomentador da suscetibilidade paranoide do adolescente e de seu isolamento. Às vezes alguns pais me perguntam quais são os danos da maconha: "Por que meu filho não pode fumar, se todo mundo fuma? Isso não é tão grave!" Minha resposta é que um adulto que consome maconha diariamente já tem um eu formado, podendo então amortecer parcialmente seus efeitos. No caso do jovem, é muito diferente. O consumo regular de maconha provoca nele quatro efeitos nocivos significativos, hoje bem conhecidos: a maconha exacerba a suscetibilidade; incita o jovem a isolar-se – mesmo quando fuma em grupo ele se isola em meio aos demais; a maconha provoca distúrbios de concentração e de memória; e, finalmente, é uma substância que pode enfraquecer o eu e desencadear uma esquizofrenia que se achava latente em um adolescente vulnerável à psicose. Evidentemente, o consumo dessa droga não pode senão agravar o estado de um jovem já em tratamento como esquizofrênico.

3. A adolescência é um luto da infância

A adolescência é um *luto* da infância: o jovem deve ao mesmo tempo perder seu universo de criança, conservar suas sensações e emoções infantis e conquistar a idade adulta

Nossa infância passada continua presente,
preservada até em seus mais ínfimos detalhes.
Tudo que sentimos, percebemos, desejamos,
desde nosso primeiro despertar,
vive hoje dentro de nós e nos faz agir.

J.-D. N.

Vejamos agora a segunda vertente da abordagem psicanalítica, que considera o período da adolescência um lento e doloroso processo de luto e renascimento. Por trás dos comportamentos angustiados, tristes ou revoltados do adolescente neurótico, esconde-se no fundo dele um lento, doloroso e surdo trabalho interior de afastamento progressivo da criança que foi, mas de construção igualmente progressiva do adulto futuro. Não estamos mais na presença de um eu histérico, agitado pelo conflito interno entre as pulsões e o supereu, mas de um eu sereno, decidido a perder e a crescer regenerando-se passo a passo num movimento de vaivém entre o presente e o passado. O adolescente deve ao mesmo tempo perder, conservar e conquistar: ***perder*** seu corpo de criança e o universo familiar no qual cresceu; ***conservar*** tudo o que sentiu, percebeu e desejou desde seu primeiro despertar, em especial sua inocência de criança; e ***conquistar*** finalmente a idade adulta. Deve abandonar sua infância ao mesmo tempo em que a ama e encontrar novas referências para consolidar sua identidade de homem ou mulher.

Acabo de dizer que o período da adolescência é um lento e doloroso processo de luto. Mas o que é um luto? O que é, por exemplo, o luto de um parente que acaba de morrer? Eu gostaria de defini-lo. ***O luto é um tempo, o tempo necessário para aceitar conviver com essa ausência definitiva daquele que amamos e que acabamos de perder.*** Aceitar conviver com a ausência significa, na verdade, aprender a amar diferentemente aquele que nunca mais estará presente, aprender a amá-lo mais do que quando estava vivo. Quando perdemos nossa mãe ou qualquer outra pessoa que nos era querida, continuamos a amá-la, mas de uma maneira diferente de quando ela partilhava nossa vida. Assim, eu diria que ter realizado um luto significa que aprendi, passo a passo, dolorosamente, a amar diferentemente aquele que perdi. Depois de sua morte, amo-o tão intensamente quanto antes, mas com um amor novo, com um amor que não se alimenta mais de sua presença corporal. Fui obrigado a me desligar progressivamente de sua presença real para me ligar progressivamente à sua presença virtual. Em suma, aprendi não sem dor a amá-lo em imagem. Da mesma forma, o adolescente deve aprender lenta e penosamente a desligar-se da criança viva que foi e do universo familiar que foi o seu para ligar-se pouco a pouco à lembrança de sua infância. Antes, quando era pequeno, ele se amava amando a vida, com toda a naturalidade; agora, tem prazer em lembrar-se da criança que era e sobretudo em reviver – sem ter consciência disso – suas primeiras sensações infantis, quando, por exemplo, sente hoje uma emoção intensa ou faz um gesto comovido. Observemos, todavia, que não é fácil para um adolescente amar a criança que está dentro dele. Em geral, ele tem tanto horror de se sentir tratado como uma criança pelos pais que lhe acontece repelir com asco tudo que de sua infância lhe retorna. Não quer se sentir nem se mostrar criança porque, para ele, isso seria um sinal de fraqueza. Eis a histeria juvenil que mencionamos. Ora, independentemente de sua aversão histérica por tudo que o reconduz à infância de outrora, ele só poderá crescer se assimilar, queira ou não, sua infância passada. ***Para nos tornarmos adultos, felizes em sê-lo, precisamos continuar a amar a criança que fomos.*** Eis por que evoco o seguinte aforismo: ***amadurecer é conquistar penosamente a flexibilidade de amar – o amor de si do bebê transformou-se, no fim da adolescência, em amor do jovem adulto por sua infância passada.*** No fundo, num adolescente o luto da infância é, acima de tudo, uma mudança imperceptível na maneira de amar a si mesmo.

Mas eu gostaria de voltar um instante a essa ideia de que o passado infantil ressurge na vida concreta e atual do jovem sem que ele perceba. O que retorna do passado remoto? Não apenas as recordações conscientes das cenas marcantes da infância, mas vagas sensações e sentimentos que ressurgem no cerne de uma emoção presente da qual o jovem extrai vitalidade. Amando um parceiro de sua idade, descobrindo um país desconhecido, criando seu Facebook ou rindo com seus colegas, o jovem de hoje revive – sem o saber – a ternura e a sensualidade do primeiro amor, que, bebê, sentiu por sua mãe, a curiosidade das primeiras descobertas, a paixão das primeiras brincadeiras infantis, ou ainda a alegria da criança que foi. Pois bem, o adolescente e, mais tarde, o adulto decerto perdem sua infância real, mas mantêm vivas, como escreveu Homero, "a candura sagrada da aurora". O pueril, o nascente, o que deve crescer, a força que empurra sempre para a frente e para o outro são, em cada um de nós, a fonte inesgotável da incrível energia com que afirmamos todos os dias nosso desejo de existir.

Eu lhes dizia que o luto da infância é um lento e surdo processo de distanciamento. Sem dúvida, ninguém abandona sua infância no dilaceramento doloroso de um dia. E, ainda que tenhamos frequentemente a impressão de que nossos adolescentes crescem num relâmpago, eles, contudo, precisam de tempo, um longo tempo de gestação de si para engendrar o adulto. Mas por que o luto da infância é tão lento e cadenciado? Porque para deixar a infância o adolescente deve voltar a ela incessantemente, e incessantemente revivê-la no frescor de novos encontros. É, então, lembrando-se do passado inúmeras vezes e deixando o passado voltar em ato inúmeras vezes, que o jovem avança gradualmente em direção à maturidade. Cada retorno ao passado e cada retorno do passado denotam um passo à frente, resultando um micronascimento. Se nosso adolescente pudesse resumir numa frase o movimento de seu luto, diria: ***"Para assumir plenamente minha metamorfose de adolescente, devo separar-me da criança que fui e, para me separar dela, devo incessantemente lembrar-me dela e deixá-la ressurgir dentro de mim nas palavras, nas emoções e nos atos que tecem a trama de minha vida atual."***

Eu agora gostaria de retomar a ideia de um luto fecundo sob a forma de um desenho (*Figura 3*) que mostra o movimento do luto que o adolescente deve consumar para ***abandonar*** seu corpo de criança e o universo familiar de sua infância, ***conservar*** em si o essencial de seu passado infantil e ***conquistar***, finalmente, a idade adulta. O luto da infância é um vaivém entre o presente e o passado, um movimento que avança por retornos sucessivos ao passado infantil e por ressurgências sucessivas desse passado no presente. Cada retorno ou cada ressurgência do passado é um micronascimento. ***Não existe avanço contínuo, há apenas nascimentos sucessivos***. Assim, o adolescente abandona progressivamente seu corpinho de criança, conserva nele, revivendo-as, as primeiras emoções infantis e alcança finalmente a maturidade.

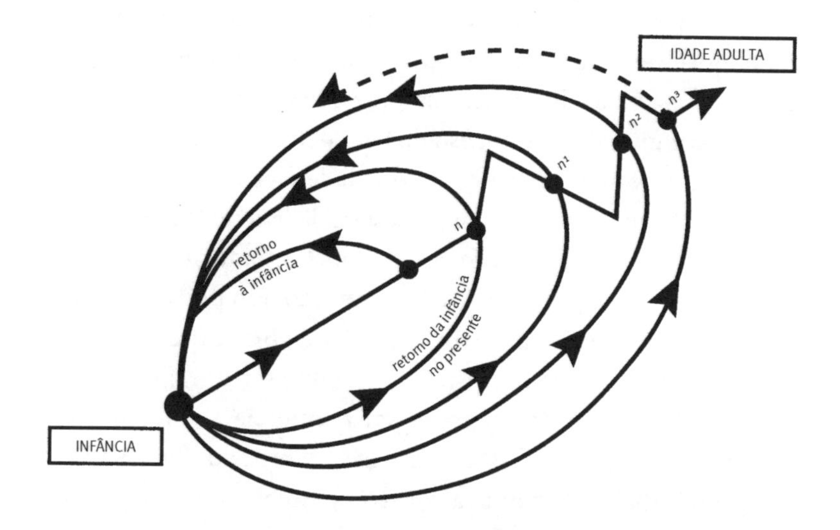

FIGURA 3

Desenho mostrando o movimento do luto que o adolescente deve realizar para abandonar seu universo de criança, conservar suas primeiras sensações e emoções infantis e alcançar a maturidade. O luto da infância é um movimento que avança por retornos sucessivos ao passado infantil e por ressurgências sucessivas desse passado no presente. Cada ressurgência do passado é um micronascimento. Não existe avanço contínuo, há apenas nascimentos sucessivos (n, n^1, n^2, n^3...). O eixo que vai da infância à idade adulta não é uma linha contínua, mas uma linha denteada destinada a ilustrar os momentos em que o adolescente reduz ou, ao contrário, acelera o ritmo de seu amadurecimento.

Os principais sinais que atestam o fim da adolescência e a entrada na idade adulta

Como saber, porém, se o jovem de fato chegou ao termo de sua metamorfose? Que sinais atestam o fim de sua neurose juvenil e a entrada na vida adulta? Sem ignorar que ser adulto é mais um ideal inatingível do que um estado bem definido, reconhecemos, contudo, dois indicadores de maturidade afetiva que mostram que o adolescente deixou sua adolescência, não vive mais sob a pressão de seu supereu sufocante e, portanto, tornou-se mais conciliador consigo mesmo e com o mundo. Em primeiro lugar, o jovem adulto não tem mais vergonha de brincar como uma criança: compreendeu intuitivamente que ser um homem ou uma mulher é se permitir regressar à infância quando quiser e como quiser sem, por isso, sentir-se depreciado. Em seguida, segundo indício, ele não fica constrangido em mostrar-se obediente à autoridade. Não é porque respondemos às ordens de um superior hierárquico ou porque nos curvamos a uma disciplina imposta que nos aviltamos numa submissão indigna. Achar ridículo mostrar-se criança ou achar humilhante obedecer, eis suscetibilidades que revelam que o jovem adulto não terminou de consumar sua travessia adolescente; continua habitado pelo medo histérico e infantil de ser humilhado. Eis então os dois principais indicadores de maturidade afetiva: ***ser adulto é viver sem medo de brincar como uma criança e sem vergonha de mostrar-se obediente***. Seguramente, existem muitos outros indícios de maturidade. Afora o indicador social, que atesta que um jovem tornou-se adulto quando não é mais dependente financeiramente de seus pais, penso aqui em três indicadores psíquicos eloquentes: estar apto a reconhecer as próprias imperfeições e aceitar-se tal como é; estar à vontade consigo mesmo e, portanto, disponível aos outros; e, finalmente, ter aprendido a amar os próximos e amar a si mesmo de uma maneira diferente de quando era criança.

*

Após esses dois capítulos em que lhes descrevi o adolescente histérico e enlutado do interior de seu inconsciente, eu gostaria de fazer o elogio do gesto mais fecundo realizado pelo garoto e pela garota no fim de sua adolescência. Espontaneamente, eles têm um talento sem igual em qualquer outro período da vida: o de preservar a infância no cerne de seu ser sem, por isso, desistir de amadurecer. Para além das crises e dos conflitos, o adolescente sabe associar instintivamente a inocência e a maturidade, a despreocupação e a seriedade, o frescor de espírito e a responsabilidade na ação. Por sua juventude que brilha num dia e escurece no outro, ***o adolescente nos mostra que a força vital que nos impele todo dia, a nós, adultos, assume os traços de uma criança incessantemente sacrificada e renascendo incessantemente***. Nossa força vital, ou seja, nosso desejo de viver, assume sempre o rosto sorridente de uma criança. Ninguém melhor do que Georges Bernanos soube cantar o entusiasmo de nossa eterna inocência: "Decerto minha vida já está coberta de mortos. Mas o mais morto dos mortos é o garotinho que eu fui. E, no entanto, chegada a hora, será ele que ocupará seu lugar à frente da minha vida, reunirá meus pobres anos até o último e, como um jovem chefe juntando seus Veteranos e a tropa em desordem, será o primeiro a entrar na Casa do Pai."

4. Como agir com um adolescente em crise aguda?

Conselhos práticos aos profissionais da adolescência

Quando diremos que um adolescente está em crise?

Se eu devesse responder
a um pai ou profissional que se fizesse a pergunta
"como agir com um adolescente em crise?",
eu lhe diria o essencial:
"Enquanto o adolescente fala ou se cala diante de você,
pense o seguinte: a eficácia de minha ação dependerá
de minha sensação de estar efetivamente na minha pele
de pai ou terapeuta. Quanto mais eu me sentir
em consonância com o papel que assumo
perante o jovem, mais chances terei
de ajudá-lo a entrar em consonância consigo mesmo."
J.-D. N.

Abordemos agora a conduta a ser adotada diante de um adolescente em crise. Quando diremos que um adolescente está em crise aguda? Antes de tudo, lembremos que a crise pode afetar seja um adolescente normal, seja um adolescente com um comportamento perigoso, seja ainda um adolescente que sofre de distúrbios mentais. Observemos que as crises acontecem mais frequentemente entre doze e dezesseis anos, quando o jovem está nos últimos anos do ensino fundamental e nos primeiros do ensino médio. Incontestavelmente, os anos finais do ensino fundamental são em geral os mais difíceis para um adolescente e para seus pais. Em seguida, no ensino médio, o eu do jovem começa a se consolidar e as tensões mais fortes são atenuadas. Mas, insisto, é durante os últimos anos do ensino fundamental que o eu adolescente revela-se singularmente vulnerável.

Ora, em que circunstâncias diremos estar diante de uma crise? O indício mais evidente do advento de uma crise é quando o comportamento habitual do adolescente muda bruscamente, transformando-se, em especial no menino, numa reação de oposição sistemática, inadministrável pelos pais ou pela escola. Algumas vezes, a crise assume a forma de agravação brusca de um comportamento que já sentíamos potencialmente perigoso. Por exemplo, um jovem habitualmente agressivo e briguento que chega a espancar o pai; um adolescente toxicômano que toma uma overdose; uma jovem introvertida que tenta suicidar-se; ou mesmo um pré-adolescente instável que é hospitalizado por coma etílico. Digamos que, em geral, o adolescente em crise é um adolescente fora da escola há mais de dois meses, ocioso, às vezes suicida, o mais das vezes confinado em seu quarto, obnubilado por seu computador, ou, ao contrário, vagando a esmo pela rua. A crise põe o jovem em perigo, desconcerta os pais e alarma amigos e parentes. Mas, de toda forma, a situação de crise exige sempre a intervenção de instâncias escolares, policiais, hospitalares ou psiquiátricas. No caso das meninas, é antes um súbito mergulho depressivo que assinala a crise; ela se apresenta sob a forma de um desânimo profundo que se afigura igualmente inadministrável para os pais. As estatísticas e a experiência clínica confirmam isso: ***as manifestações mais frequentes da crise nos meninos são os comportamentos violentos e agressivos, ao passo que nas meninas são os comportamentos depressivos.*** Os comportamentos masculinos traduzem a tendência principal das pulsões possessivas e agressivas, cuja característica é exteriorizar-se irreprimivelmente, ir em direção ao outro, procurar dominá-lo e às vezes fazer-lhe mal. As pulsões dos meninos orientam-se espontaneamente para o exterior, num movimento centrífugo. Nas meninas, em contrapartida, a principal tendência pulsional que marca seus comportamentos de crise é a propensão a retrair-se e encerrar-se em si mesmas: o tropismo pulsional é, nesse caso, centrípeto. Enquanto o sofrimento dos meninos explode no exterior e exige contenção por instâncias sociais, o das meninas implode no interior e exige escuta atenta de profissionais da adolescência, como pedopsiquiatras, psicólogos, psicanalistas, professores ou orientadores educacionais. Quando as meninas sofrem, procuram proteção; em contrapartida, quando os meninos sofrem, expõem-se, espantosamente, mais do que nunca ao perigo. É justamente por ocasião de um comportamento explosivo num adolescente ou um comportamento depressivo numa adolescente que os pais nos telefonam solicitando uma consulta urgente.

Ora, recebendo essa demanda emergencial, devemos ter em mente que uma crise aguda pode ter repercussões irreversíveis na existência de um jovem posteriormente. Não esqueçamos jamais que um adolescente é um ser em formação e que, por conseguinte, uma pronta intervenção se revelará uma oportunidade única no sentido de evitar a repetição da crise e infletir positivamente sua vida futura. O destino do adolescente se orientará de forma muito diferente, caso tenha encontrado ou não um psicanalista em seu caminho. Com efeito, minha experiência com os pacientes adultos me ensinou que, infalivelmente, eles foram uma criança ou um adolescente neurótico. Assim, a acolhida psicanalítica e, mais tarde, o tratamento de um adolescente que sofre previnem distúrbios que poderiam advir na idade adulta. Faço essa observação para assinalar o quanto o encontro clínico com um adolescente em crise tem inegável alcance profilático. Eis uma das razões que me incitaram a escrever este livro: estimular o profissional em seu sentimento de que, tratando eficazmente um adolescente desorientado, poupamos-lhe inúmeros sofrimentos neuróticos no futuro.

Insisto. ***Quando você recebe pela primeira vez e emergencialmente um adolescente em dificuldade, pense que é uma oportunidade para ele e uma responsabilidade para você.*** Quando recebo um jovem, penso que é uma sorte ele estar me consultando, nos consultando; e quanto mais penso que é uma sorte, mais aumenta meu senso de responsabilidade. Frequentemente a crise, embora difícil de administrar, é a oportunidade para que um adolescente seja finalmente orientado. Entretanto, o primeiro encontro com o jovem é tenso, delicado, sempre prestes a se romper ao menor passo em falso. Comparando os tratamentos de adolescentes e os de outros pacientes, eu colocaria a dificuldade de escuta dos jovens logo depois do trabalho de escuta de casais. Com efeito, se tivesse que estabelecer uma hierarquia dos pacientes mais difíceis de escutar plenamente, eu colocaria em primeiríssimo lugar os casais.

Quando os recebo, tenho a sensação profunda de me superar a cada instante da sessão, de me esforçar para ir além de mim mesmo. Preso entre dois parceiros dolorosamente em conflito e preocupado em não perder uma palavra, um gesto ou detalhe emanando de um ou de outro, sinto retesar-se ao máximo a mola da minha escuta. É árduo encontrar as palavras certas para que um ou outro dos cônjuges sinta-se reconhecido e, a partir desse reconhecimento, torne-se capaz de se abrir à causa do parceiro. Em segundo lugar, entre os pacientes difíceis, penso justamente nos adolescentes de que falamos. Em seguida, vêm as crianças, com as quais a grande dificuldade é precisamente acreditar que são fáceis de escutar, que basta brincar com elas para que se produza um efeito terapêutico. A criança nos oferece tamanha abertura, tanto pelas manifestações espontâneas de seu corpo quanto pela liberdade de sua fala, que, se nos deixarmos arrebatar por sua inocência, relaxamos nossa concentração, indispensável para captar seu inconsciente para além de sua pequena pessoa sentada à nossa frente. Muitos terapeutas, em vez de analisarem a criança, põem-se a brincar com ela. Mas não se deve brincar! É fundamental permanecer concentradíssimo e não se deixar ludibriar pela facilidade com que nos convida espontaneamente a nos aproximarmos dela. Em nossa insólita escala de pacientes complicados, situo ainda os doentes psicóticos, os perversos – quando procuram uma consulta –, os toxicômanos; depois, sempre numa ordem decrescente, penso nas mulheres grávidas, cujo inconsciente, tão permeável, parece desdobrar-se a céu aberto pelo caráter sugestivo de seus sonhos, a vivacidade de suas sensações corporais e sua fala inspirada. Aprendo imensamente cada vez que escuto uma paciente grávida. Finalmente, para relativizar essa peculiar classificação dos pacientes difíceis, acrescento que nenhum tratamento é fácil. Cada paciente é, em si, um impenetrável mistério que exige, em certos momentos cruciais do tratamento, uma total disponibilidade do terapeuta. Nesses momentos intensos, o psicanalista, no auge de sua concentração, mergulha em si mesmo, no âmago de seu silêncio interior, a fim de captar o inconsciente de seu analisando. É nesse momento que ele deve saber traduzir o inconsciente em palavras simples e tocantes que dirige ao paciente esperando, assim, aliviá-lo do peso de seu mal-estar. Nesse ponto, aproveito a oportunidade para esclarecer que essa operação mental no terapeuta, que consiste em perceber em si o inconsciente do outro e em colocá-lo em palavras, é a singularidade essencial que especifica a psicanálise. ***A psicanálise não se define pelo fato de o paciente estar deitado, sentado ou de pé; de ser adulto, criança ou adolescente; nem pelo lugar onde se desenrola o encontro – hospital ou consultório particular; nem mesmo pela duração do tratamento – longo ou breve; não, a psicanálise define-se pelo êxito dessa operação mental em que o analista percebe em si mesmo o inconsciente de seu analisando e o exprime verbalmente com palavras pertinentes.***

Em suma, a psicanálise é o compromisso recíproco, embora assimétrico, de dois inconscientes. Digo "assimétrico" porque um dos dois parceiros – o analista, formado por sua análise pessoal e didática – modelou singularmente seu inconsciente até torná-lo um instrumento de percepção do inconsciente do paciente. Um fornece seu inconsciente virginal, o outro atua com seu inconsciente instrumental.

Eis uma rápida sequência clínica capaz de permitir ao leitor entrever o que é uma psicanálise. Recebo regularmente um adolescente fóbico de 21 anos que passa os dias à toa diante de seu computador, fumando maconha. Recentemente, no início de uma sessão, ele me disse: "Quando da última vez o senhor imaginou minha mãe sentada ao nosso lado e imitou um diálogo entre vocês dois, isso me causou um choque e saí aliviado! Ao me mostrar a cadeira na qual ela poderia ter sentado, o senhor lhe perguntou: 'Diga-me, senhora, como era o Alexandre quando era bebê?', e, no lugar dela, o senhor respondeu: 'Sabe, doutor, sempre tive uma mãe muito ansiosa e receio ter inoculado minha inquietude no pequeno Alexandre. Ele se encolhia sempre no meu colo e acho que quanto mais se encolhia mais se impregnava de minha angústia. Às vezes, eu via que ele me observava de olhos arregalados e eu ruminava que, infelizmente, ele corria o risco de ser tão inquieto quanto eu.'" Essa interpretação dramatizada que dirigi ao meu jovem paciente não passava da verbalização viva de uma cena que se impôs ao meu espírito. Considero essa cena um derivado do inconsciente do meu analisando revelando-se na tela de meu inconsciente instrumental.

A acolhida a um adolescente em crise começa quando o psicanalista atende à ligação de um pai pedindo uma consulta urgente

Esse breve desvio foi para dizer que não devemos desperdiçar o encontro inicial com o jovem, e, para não desperdiçá-lo, precisamos estabelecer de cara o laço transferencial, desde o primeiro telefonema do pai ou da mãe. Eis por que é tão importante, no caso de um profissional liberal, atender pessoalmente o telefone e saber mostrar-se determinado na maneira de organizar a primeira entrevista. Alguns profissionais, a fim de não serem perturbados durante as sessões, recorrem a uma secretária para atender as ligações. Quanto a mim, prefiro que, do outro lado da linha, seja a minha voz que responda diretamente. Claro, a campainha perturba a pessoa que está em sessão. Sei disso, mas atendo assim mesmo, anoto rapidamente o número de meu interlocutor e retorno a ligação mais tarde. Quando, no fim do dia, telefono para a mãe do adolescente a fim de marcar uma consulta, mostro-me disponível e tranquilizador. O que procura uma mãe que está sofrendo tanto quanto seu filho é ouvir a voz de um profissional que sabe o que faz e que, com sua determinação, passa-lhe a impressão de assumir a responsabilidade. Quero que, ao desligar, a mãe, alicerçada na conversa telefônica que acabamos de ter, fale com seu filho, confinado em sua recusa a qualquer intervenção externa. É necessário que ela escute uma palavra não apenas tranquilizadora, mas igualmente prática, não apenas apaziguadora, mas igualmente capaz de lhe indicar como falar com seu adolescente para incitá-lo a ir à consulta. Após atender pessoalmente a mãe, começo a trabalhar com o jovem, pois sei que a maior parte dos conflitos que agitam o adolescente está invariavelmente ligada a seus pais. Em suma, atender uma mãe tendo em mente que o tratamento começa no primeiro contato telefônico, antes mesmo do encontro com o adolescente, é seguramente a melhor maneira de estabelecer solidamente um laço terapêutico sempre delicado.

Portanto, minha intenção é que, ao desligar o telefone, a mãe fale com seu filho ou filha em nome do analista que sou eu. Falar em nome do outro me lembra a expressão lacaniana "Nome-do-pai". O que ela significa? Quando uma mãe fala com a filha ou o filho referindo-se ao pai deles, homem que ela ama e deseja, sua fala só lhes pode ser benéfica porque suas palavras são instigadas pela força de seu desejo de mulher. Assim, o "Nome-do-pai" significa que a mãe faz o pai existir na fala que dirige ao filho. Esclareço que, ainda que a referência ao pai não seja explícita, é a autenticidade do desejo da mulher pelo companheiro que opera. Se ela admira e deseja de verdade o parceiro, cada palavra dirigida ao filho terá maior repercussão ainda. No nosso caso, é a mãe de um jovem em crise que faz o psicanalista existir na fala que dirige a seu adolescente, uma fala alimentada pela esperança suscitada durante nossa conversa telefônica. Não é mais o Nome-do-pai, mas o *Nome-do-analista* que atua. A propósito do nome do analista, mas do nome próprio dessa vez, saibam que atribuo grande importância a que a mãe comunique claramente a seu adolescente o nome do terapeuta. Após ter marcado a data da primeira consulta – em geral no dia seguinte – e antes que a mãe desligue o telefone, digo-lhe que tenho outros detalhes a transmitir. Acrescento que, comunicando a seu filho ou sua filha a data de nossa consulta, ela deverá mencionar claramente meu nome. É imperativo que, antes da primeira entrevista, o jovem paciente saiba o nome de seu futuro terapeuta. O primeiro aspecto da pessoa do profissional sobre o qual se fixa a transferência, ou seja, o primeiro traço ao qual o paciente se vincula afetivamente é o nome próprio do terapeuta. Observemos que, durante a conversa telefônica com a mãe, não inquiro o motivo da consulta. Prefiro descobri-lo durante a primeira entrevista com o jovem. Enfim, vocês não imaginam o impacto positivo que pode ter esse protocolo de acolhida telefônica sobre a futura relação terapêutica. Uma mãe que recebe essas recomendações ao telefone sente-se imediatamente amparada. E como sei que grande parte da crise do jovem deve-se às relações conflitivas que mantém com seus pais, posso dizer que o trabalho já começou. Tranquilizada, a mãe saberá conversar com seu cônjuge e seu adolescente com palavras, por sua vez, tranquilizadoras. Eis como deve ter início o tratamento de um jovem em crise: suscitando uma primeira reação positiva de seus pais a nosso respeito.

O primeiro encontro de um adolescente em crise com o psicanalista

Uma vez que o adolescente está sentado à nossa frente para sua primeira entrevista, que perguntas devemos lhe fazer? E o que fazer com suas respostas?* Além de informar-me com quem ele mora – sem esquecer os animais domésticos, que são frequentemente extensões do eu de nossos pacientes –, além dessa informação básica, procuro conhecer três aspectos essenciais de sua vida, essenciais para alcançar um único objetivo: instalar-me na intimidade de sua emoção mais profunda, isto é, da emoção que determina seu comportamento de crise e do qual, no entanto, ele

* Mais adiante, resumimos, nas páginas 74-81, as principais recomendações destinadas aos profissionais sobre a maneira de agir durante as primeiras entrevistas com um adolescente em crise. Naturalmente, essas recomendações dirigem-se também aos pais, que podem inspirar-se nelas adaptando-as ao contexto familiar.

não tem consciência. E que emoção é essa? Não posso responder rapidamente a pergunta tão nuclear. Proponho então nos determos nesse ponto por algumas páginas antes de voltarmos ao protocolo da primeira entrevista.

Qual é então a emoção de um adolescente angustiado que devo captar e sentir em mim mesmo? A emoção mais profunda de um adolescente em situação de crise é, acima de tudo, o sentimento impreciso de vivenciar-se como uma criatura inconsistente, interiormente desarticulada, desunida dentro de si mesma e sentindo-se equivocadamente ameaçada. Insisto, minha finalidade é conhecer suficientemente certos aspectos da vida do adolescente para tentar sentir em mim os arroubos violentos provocados pela desunião interna entre seu corpo e sua mente, desunião – lembremos – inerente à pessoa de todo adolescente e, mais particularmente, à de um adolescente em crise. Tentarei também sentir sua aflição de animal encurralado até visualizar mentalmente a cena de sua fantasia de humilhação *carrasco/vítima*. Na verdade, essa fantasia tem uma dupla função no adolescente conturbado. Por um lado, é protetora: em vez de sentir-se ameaçado de dentro por sua própria inconsistência, o jovem sente-se ameaçado de fora pela pressão dos adultos: "*Não sou frágil, são os outros, os adultos, que me assediam e ameaçam me humilhar.*" Por outro lado, essa fantasia é perniciosa, porque é ela que desencadeia os comportamentos tanto impulsivos quanto depressivos no jovem. Temos então três níveis para pensar a gênese dos comportamentos conturbados do adolescente: o porão, representado pela ***desunião corpo/supereu, intrínseca ao ser juvenil***; o térreo, representado pela viva suscetibilidade decorrente da ***fantasia de humilhação ao mesmo tempo protetora e perniciosa***; e, finalmente, o primeiro andar, representado pelos diversos ***comportamentos difíceis*** do adolescente, geralmente impulsivos nos meninos e depressivos nas meninas. Em suma, ao escutar meu jovem paciente, tento sentir não apenas o mal-estar provocado por seu desequilíbrio interno, mas também o sentimento de desconfiança que o corrói.

Mais uma palavra para explicar em detalhe como o comportamento impulsivo ou depressivo do adolescente em crise é desencadeado pela fantasia inconsciente de humilhação. Observemos antes de tudo que essa fantasia assume no inconsciente a forma de uma cena imaginária onde intervêm dois personagens, um dos quais domina e humilha o outro, com o sujeito em geral identificando-se com a vítima. Na realidade, a fantasia é um instantâneo, um flash com um roteiro dos mais elementares: *um adulto dominador despreza uma criatura fraca*. Esclareço desde já que o sujeito não imagina mentalmente essa cena, embora ela o invada por inteiro. O mais das vezes a mencionada cena dorme dentro dele, mas, quando oportunamente se revela, precipita-o impulsivamente num comportamento irrefletido. Assim, o adolescente desorientado obedece ao impulso de sua fantasia inconsciente de humilhação, com a única diferença que agora desempenha o papel ativo do adulto dominador, e não mais aquele, passivo, da vítima humilhada. Ao passo que no fundo de si mesmo o adolescente identifica-se com a vítima, na vida real, e em resposta a uma situação supostamente ofensiva, ele se sente ameaçado, revolta-se bruscamente e assume o papel do dominador. É sobretudo o caso do menino: dominado pela raiva, o adolescente não é mais a vítima passiva na cena inconsciente, mas o personagem violento, sem medo de nada, que impunemente destrói e se destrói. Ao revoltar-se, o sujeito reproduz sua fantasia sem saber que seu comportamento é determinado por ela. Naturalmente, essa reviravolta da passividade em atividade agressiva não acontece com a mesma energia em todos os adolescentes; em alguns deles a revolta pode assumir formas bem mais moderadas. Em suma, é essa fantasia inconsciente de humilhação que é nociva para o jovem, pois desencadeia por reação os dois comportamentos defensivos que são a revolta no menino e a depressão na menina. A revolta histérica no menino é o negativo de seu medo inconsciente de ser humilhado: ***ele se rebela para não se sentir humilhado***. Na menina, é completamente diferente. Em vez de assumir o lugar do carrasco e tornar-se agressiva com os outros, ***ela volta sua raiva contra si mesma***. Se a fantasia de humilhação exterioriza-se no menino por um comportamento agressivo, na menina ganha a forma de um comportamento depressivo.

Agora que defini a emoção que o analista deve sentir no encontro singular com cada adolescente em crise – isto é a ***dor*** da distorção entre o corpo e a cabeça, o ***medo*** da humilhação e o ***ódio*** reativo –, abordemos os aspectos concretos que busco detectar na vida de meu jovem paciente. Quais são esses aspectos e em que eles me permitirão sentir com clareza em mim o que o jovem sente confusamente? Em primeiro lugar, quero conhecer em seus mínimos detalhes o episódio gerado pela crise e, em particular, saber se esse episódio é a repetição agravada de um episódio anterior análogo, passado despercebido. Lembrem-se da grande lição da psicanálise, que nos ensina que um sintoma atual é frequentemente a repetição de um sintoma anterior similar. Se pegarmos o exemplo de um adolescente suicida, procuraremos então saber se ele já tentou o suicídio ou manifestou acessos de violência contra si mesmo: em que contexto esses acontecimentos ocorreram e se, na época, ele foi tratado. Eis então o primeiro aspecto essencial que procuro detectar: as circunstâncias precisas do episódio que assinala a crise e leva o paciente e seus pais a nos consultar, sem esquecer a possível existência de um episódio semelhante ocorrido no passado. É justamente o conhecimento de todos esses detalhes que estimulará minha imaginação, permitindo-me representar mentalmente a situação de crise e sentir as tensões que agitaram os diferentes protagonistas do drama (o adolescente violento que agride o pai, o jovem traficante às voltas com a polícia, a adolescente apaixonada traída pelo namorado etc.). É dessa forma que me insinuo na pele do jovem e me imagino às voltas com as emoções que o perturbam. Tentarei viver a mesma emoção que o leva a agir impulsivamente, a mesma sensação de descarga emocional que ele sentiu no momento do ato e, finalmente, o mesmo retraimento ou tristeza que o invadiu após o ato. Em suma, ***devo examinar com lupa o que aconteceu, não tanto para me informar, mas para me instalar mental e afetivamente no âmago da crise e sentir intimamente o que o jovem deve ter sentido, conscientemente ou não.***

Sempre nesse espírito de ***saber para melhor sentir os fluxos afetivos que perturbam o jovem***, pergunto em seguida os nomes de seus amigos mais próximos, em particular o de sua namorada ou namorado. Sabemos que os amigos, amados e cúmplices permanecem os únicos aliados em meio à tempestade. Finalmente, o terceiro aspecto essencial, que investigo com tato e equilíbrio: as relações de prazer ou aversão que ele mantém com o próprio corpo – principalmente a prática da masturbação, se for um menino, e a relação com a própria imagem no espelho, bem como eventuais distúrbios ginecológicos, se for uma menina. Digo com tato e equilíbrio porque há toda uma maneira de interrogar. Em nossa tradição psicanalítica, sobretudo anglo-saxã, os analistas, durante as primeiras entrevistas, não fazem perguntas, ponto final. Eu mesmo fui formado nessa escola: não se abre a boca! Não se interroga, deixa-se o paciente falar. Era a escola da sacrossanta neutralidade benevolente. Pouco a pouco, a experiência me ensinou, sobretudo com as crianças e os adolescentes, que não os interrogando eu me privava não apenas de informações úteis, mas de um primeiro diálogo indispensável para instaurar a confiança. ***O que importa não é conhecer a intimidade do outro, mas criar um laço forte com um outro que lhe fala de***

sua intimidade. Convém fazer perguntas, mas, evidentemente, com a sutileza e a habilidade adquiridas com o tempo. É muito difícil perguntar ao jovem adolescente, durante as duas primeiras entrevistas, por exemplo, quais são suas fantasias quando se masturba. É necessário que se faça isso delicadamente, começando por interrogá-lo sobre aspectos marginais para chegar, pouco a pouco, ao ponto almejado. Banco o inocente, o bobo. No início, vou na onda dele e o interrogo, por exemplo, sobre a maneira como se expôs fisicamente durante o incidente que cristalizou a crise. Depois, imperceptivelmente, me aproximo do ponto que me interessa, que é conhecer a relação profunda que ele mantém com seu corpo. Dessa forma, com fugazes pinceladas de emoção, conseguimos juntos trazer à tona fragmentos de dor, de medo e de ódio.

Observo, porém, que, no fundo, todas essas informações não passam de um pretexto para criar um diálogo, por mais tenso que seja, que me permita, a mim, terapeuta, fazer vibrar minha presença e lhe permitir, a ele, desenvolver a sua. O que significa "fazer vibrar minha presença"? O terapeuta faz vibrar sua presença quando mostra em ato ao jovem – sem procurar mostrar-lhe – que está em sintonia com ele e com seu papel de terapeuta. Guardadas todas as proporções, é essa atitude do profissional, eminentemente verídica, que, com o tempo, pode incitar o adolescente a adotar por mimetismo uma atitude semelhante a respeito de si mesmo. Tudo reside aí! ***Seja escutando-o ou intervindo, mostramos ao jovem, desunido intimamente, nossa maneira de sermos unidos.*** É em prol dessa disponibilidade espontânea, embora adquirida ao preço de uma longa experiência, que chamo o adolescente de você e por seu prenome, após ter obtido seu assentimento. Indiscutivelmente, é da qualidade de nosso primeiro encontro que dependerá a sequência de nossas entrevistas. É, portanto, a intensidade de nossa comunicação verbal e não verbal que criará a oportunidade de exercermos uma influência terapêutica sobre ele.

Se eu fosse resumir o que está em jogo em nossa primeira entrevista, eu imaginaria a fala não formulada de um adolescente ressoando em contraponto à fala não formulada de seu psicanalista. Enquanto o analista diria: "*Eu não existo porque estou diante de um adolescente que espera que eu aja, e é a partir de sua expectativa que me assumo como terapeuta*", o adolescente replicaria: ***"Ainda não me sinto existir, mas vendo sua maneira de me tratar e de ser o senhor mesmo tenho vontade de me tratar diferentemente e ser eu mesmo."*** Voltaremos a isso quando abordarmos adiante a interação psicanalista/adolescente no âmbito de um procedimento regular.

*

Nas próximas páginas, eu gostaria de sintetizar as principais recomendações destinadas aos profissionais solicitados a atender um adolescente em situação de crise aguda. Naturalmente, essas recomendações dirigem-se também aos pais, que podem inspirar-se nelas adaptando-as ao contexto familiar.

Redigi essas recomendações a partir de diferentes conversas com profissionais da adolescência (psicólogos, pedopsiquiatras, pediatras, professores, orientadores educacionais e juízes de menores) que assistiram às duas principais conferências que ministrei sobre o tema. Na primeira, em dezembro de 2000, defendi a tese de que ***a adolescência é uma neurose saudável de crescimento provocada pelo medo de ser humilhado***. Na segunda, em janeiro de 2009, preocupado em definir uma orientação terapêutica eficaz, propus focalizar a ação do clínico sobre o ***supereu doentio do adolescente.***

CONSELHOS AOS *PROFISSIONAIS*

Quando uma mãe aflita,
uma orientadora educacional ou mesmo
um policial lhe telefona para que
intervenha em uma situação de crise
com um adolescente e a deslinde,
eis as primeiras atitudes a tomar:

- Quer você se desloque ou receba o jovem em consulta, saiba que sua intervenção deve ser considerada uma intervenção psicológica ***de emergência***. Essa intervenção talvez seja a ***única*** que você venha a realizar: ***é fundamental não desperdiçá-la***. E, para não desperdiçá-la, comece por surpreender o jovem e seus pais recebendo-os com uma serenidade espontânea e com a determinação do profissional experiente que você é.

- Convém, acima de tudo, que ***o jovem em estado de crise aceite falar com você***. É a condição para toda ação possível. Caso se recuse a encontrá-lo, não hesite em ***receber seus pais***, escutar suas queixas e indicar-lhes o que é aconselhável fazer ou não fazer nas circunstâncias atuais. O efeito dessas conversas com a família é frequentemente benéfico, pois o jovem, percebendo que se preocupam com ele, consente então em ir à consulta. Independentemente de o adolescente aceitar ou não falar com você, os pais devem sempre ser recebidos durante a primeira entrevista. Mas esclareço que, nessa primeira consulta, o encontro com eles na presença do adolescente deve acontecer ***depois*** e não antes de se falar com o jovem a sós. Mais tarde, no caso de um acompanhamento regular do adolescente, pode ocorrer de encontrarmos, após seu consentimento, uma ou várias vezes seu pai ou sua mãe, juntos ou separadamente.

- ***A primeira entrevista divide-se então em duas partes***. Em primeiro lugar, você ***recebe o adolescente a sós*** e, se possível, ignorando o motivo da consulta. Com efeito, é preferível que o profissional, virgem de toda informação, reaja espontaneamente às explicações de seu jovem paciente. Com isso, suas intervenções serão mais autênticas, suscitando no adolescente a vontade de confiar. ***A vontade de saber do profissional desperta a vontade de se soltar do paciente***. Ao fim dessa primeira conversa a sós com o jovem, ele tenderá para o seu lado caso você lhe dirija uma palavra indicadora de que o compreendeu, por exemplo, dizendo-lhe com clareza o que ele sente confusamente. Após esse breve ajuste, pergunte-lhe se ele concorda que ***seus pais entrem*** e prossigam a conversa a quatro. Observemos que a duração dessa primeira consulta, e em seguida a duração das sessões com um jovem, não deve exceder trinta minutos. Caso contrário, nosso adolescente se impacienta ou se fecha.

- ***Concluindo essa entrevista de emergência***, se você sentir que o jovem está disposto a encontrá-lo de novo, proponha-lhe uma consulta alguns dias depois. No caso de sua intervenção de urgência ter acontecido na casa do jovem, no colégio, na emergência pediátrica ou na delegacia, marque uma consulta em seguida em seu próprio consultório hospitalar ou particular. Se, no desfecho desse segundo encontro, você julgar que a relação finalmente se estabeleceu, proponha outros três em datas precisas que você marcará com ele. Se após essas três consultas o laço se consolidar positivamente, proponha mais três. Para estabelecer uma relação terapêutica sólida com um adolescente em dificuldade, você deve ***progredir por patamares***. Em geral, a duração de um acompanhamento psicanalítico eficaz de um adolescente varia entre seis meses e um ano. Entretanto, em certos casos, acontece de uma ou várias sessões com o jovem bastarem para deslindar a situação de crise e lhe permitir recuperar o equilíbrio, ainda que precário.

- Não esqueçamos que, durante essa primeira entrevista, o profissional lúcido deve ***procurar todo e qualquer indício clínico*** suscetível de lhe indicar se o jovem paciente em crise apresenta os primeiros sinais de uma ***psicose incipiente***, esperando, evidentemente, não encontrá-los.

CONSELHOS AOS *PROFISSIONAIS*

Como *falar* com um adolescente em crise?

- ***A primeira fala*** do terapeuta consiste em dizer seu nome e sua função: "*Sabe meu nome? Chamo-me Fulano, sou psicanalista e meu trabalho é tentar resolver problemas como o que você viveu hoje.*" Em seguida, pedir ao adolescente que *escreva* seu nome e diga por que está ali: "*O que aconteceu para que sua mãe tenha resolvido ligar para mim?*" Nunca use a palavra "ajudar" ou a expressão "vou ajudá-lo", que o colocariam numa posição de inferioridade.

- Dirigir-se ao adolescente como se a um jovem adulto; sobretudo ***não infantilizá-lo***.

- Na conversa individual com o adolescente, ***esperar pacientemente sua réplica***. Ele precisa de tempo para identificar e nomear o que sente. Assim, seu ritmo de pensamento e de elocução é frequentemente mais lento que o nosso. Mas não nos enganemos, "esperar" não significa permanecer em silêncio.

- Ao contrário, devemos intervir, mas falando com ***poucas palavras***, ***claramente***, com uma ***voz reconfortante*** e sendo ***autêntico***.

- Seja por ocasião de uma intervenção emergencial ou ao longo de um procedimento regular, convém sempre lhe falar evitando seduzi-lo, educá-lo, julgá-lo ou condená-lo. Mostre-se e fale com ele sendo você mesmo. Você não é nem seu pai, nem um colega, nem um professor, nem um juiz, nem um policial. Você é um psicanalista que tem como missão ***traduzir-lhe com palavras simples e compreensíveis o que ele vive confusamente, que ele não sabe que vive e que o faz sofrer***. Se conseguir comunicar-se com ele com clareza acerca do que ele vive confusamente, você terá uma chance de reconfortá-lo.

CONSELHOS AOS *PROFISSIONAIS*

Com que *disposição de espírito* o profissional deve abordar um adolescente em crise?

- Em primeiro lugar, é preciso querer ***comunicar-se com ele*** e procurar ***sentir o que ele sente conscientemente.*** Após perceber que a corrente passa, e caso você seja um psicanalista formado, tente ***sentir*** não apenas o que ele sente conscientemente, mas também ***o que ele sente inconscientemente.***

- ***Sentir-se pessoalmente disponível*** para que ele nos sinta disponíveis para recebê-lo sem reservas, tal como ele é. É importante que ele sinta que o consideramos tal como é e não como gostaríamos que fosse. Não o julguemos. Se ele perceber que não temos preconceitos em relação a ele, se sentirá imediatamente estimulado a se soltar com confiança. Nessa primeira entrevista, nossa única expectativa é conseguirmos nos comunicar com ele. Se conseguirmos isso, um grande passo terá sido dado com vistas a dar início à terapia. Em seguida, no âmbito de um procedimento regular, nosso objetivo será levar o jovem paciente a reconciliar-se consigo mesmo e, a partir disso, com seus próximos.

- ***Não se comporte como colega nem demagogo.*** Não estamos no mesmo plano: não procure seduzi-lo falando e agindo como ele. Ele espera, ao contrário, encontrar um adulto que, por sua diferença e sua presença, lhe aponte os limites da realidade e, ao fazê-lo, reconforte-o.

- Mostre-lhe que, independentemente do que ele diga, você o ***leva a sério***.

- Estimule-o a ***lhe fazer perguntas*** sobre qualquer assunto, inclusive sobre sua pessoa: "*Eu gostaria que você me fizesse uma pergunta sobre você, sobre mim, sobre qualquer coisa, tanto faz!*" Não hesite em lhe responder com autenticidade e pudor. ***Ao lhe pedir que faça uma pergunta, você o obriga a se concentrar, a juntar forças, a se recuperar e a se exteriorizar.***

- O terapeuta não deve tomar nenhuma iniciativa sem ***pedir a opinião do* adolescente**. Por exemplo, durante a primeira entrevista, após ter tido uma conversa individual com ele, sugiro que seus pais entrem no aposento. É quando lhe digo: "*Se você estiver de acordo, vamos fazer seus pais entrarem e eu vou perguntar a eles por que acharam necessário você vir me consultar. Vamos ver o que eles respondem.* [Com esta última frase, conquisto-o como um aliado numa atitude estudada perante seus pais. Toda a arte reside nisto: ***ser cúmplice do adolescente sem por isso ser seu par.***] *Entretanto* – eu continuo –, *após escutar você, já sei o que convém fazer e posso dizê-lo agora mesmo. Eis a minha ideia: primeiro, se você quiser, vamos nos encontrar regularmente uma vez por semana para conversar como fizemos hoje; além disso, para você não perder o ano, acho melhor você ter aulas particulares de mate-*

mática com um professor que conheça bem o programa da sua série. Quero que o trabalho com ele lhe permita voltar à sala de aula já tendo uma ideia do que o seu professor vai abordar!"
Naturalmente, com esse exemplo de adolescente em crise, cujo sofrimento é moderado, quis sobretudo mostrar o espírito com que ***o profissional associa seu jovem paciente ao projeto terapêutico***. Sempre com relação a esse exemplo em que incito o jovem a reinvestir em sua escolaridade, esclareço que, se ele conseguir isso, já será um primeiro passo em direção à ***reconquista de sua autoestima***, sem a qual nenhum trabalho analítico pode ser concluído.

- No fim da primeira entrevista, explique-lhe como vão se desenrolar as próximas sessões. ***Estabeleça com ele uma data limite*** (dentro de um ou dois meses) para fazerem um balanço de suas conversas e decidirem juntos a sequência a dar aos encontros.

- Após algumas sessões, eventualmente peço ao jovem que me traga ***fotografias dele criança***, e, muito especialmente, dele bebê, no colo de sua mãe ou de seu pai, pouco depois de seu nascimento. Sentado diante do adolescente, com as ***fotografias colocadas*** entre nós sobre uma mesinha, concentrado nesse ou naquele detalhe da imagem, mostro-me curioso, faço perguntas sobre aquela época do passado sempre tendo em mente as circunstâncias atuais que levaram meu jovem paciente a me consultar. Infalivelmente, o adolescente desperta, abre-se, solta-se como nunca antes, e, ***sem perceber, revive no presente da sessão todo um lado de seu passado infantil***.

Uma vez superada a crise aguda, com o adolescente frequentando regularmente suas sessões, como o psicanalista consegue desfazer o conflito inconsciente que subjaz à crise?

Ressalto, em primeiro lugar, que o tratamento que proponho a um adolescente que sofre é sempre de duração limitada. A fim de incutir no jovem paciente o sentimento de que temos uma tarefa a realizar em comum, ***prefiro estabelecer uma data limite***, podendo antecipá-la ou adiá-la. Perguntemo-nos agora qual é o principal agente terapêutico no tratamento de um adolescente. Deixando de lado os psicotrópicos receitados por um psiquiatra, que às vezes se revelam indispensáveis, o principal recurso terapêutico é a ***transferência***. Seja qual for a técnica médica ou psicoterapêutica empregada, o que cura um adolescente, ou pelo menos alivia seu sofrimento, é a qualidade do diálogo afetivo que ele estabelece com o profissional. Eis a transferência! Sim, mas ainda precisamos defini-la. O que é a transferência num tratamento terapêutico?* A transferência é um fenômeno espantoso que consiste no seguinte: apenas pelo fato de conversar regularmente com um terapeuta que ele espera, confiante, que o reconforte, o paciente dedica-lhe pouco a pouco seu amor, sua admiração, às vezes pode rejeitá-lo, desejá-lo ardorosamente ou mesmo temer seu poder. É esse laço

---

* A ***definição de transferência*** poderia ser a seguinte: a transferência é um salto do passado no presente e de uma pessoa a outra, sendo o elemento que se desloca uma maneira de amar, odiar, desejar ou temer. ***A transferência é o olhar atual sobre uma pessoa que conta afetivamente para nós, sentimentos e comportamentos que tivemos ontem na relação com um de nossos pais***. Num tratamento analítico, a pessoa que conta afetivamente para o paciente é o psicanalista.

afetivo global – confiança, amor, admiração, rejeição, desejo e medo – que torna o paciente sensível não apenas ao que o terapeuta lhe revela, mas à maneira espontânea com que este assume seu papel de terapeuta e, mais particularmente, à segurança que ele demonstra.

Mas seja pela maneira como o profissional assume seu papel ou pela impressão de tranquilidade que dele emana, trata-se sempre das expressões de seu inconsciente tal como é percebido intuitivamente pelo paciente. Na verdade, o vínculo afetivo entre paciente e analista, isto é, a transferência, é a condição que torna o analisando receptivo não apenas às intervenções do psicanalista mas às manifestações inconscientes deste. Eis por que, quando me perguntam qual é o instrumento utilizado pelo psicanalista para tratar de seus pacientes, respondo: um terapeuta não trata com o que ele *diz* nem com o que ele *faz*, mas com o que ele ***é***, e acrescento: com o que ele ***é inconscientemente***. ***É meu inconsciente que é o verdadeiro instrumento terapêutico***, meu inconsciente de analista quando entra em ressonância com o do meu paciente. É isso a transferência: a deflagração em movimento de um circuito fechado entre o inconsciente de um e o inconsciente de outro. No fundo, a transferência não passa da criação de um novo inconsciente, de um inconsciente partilhado, resultante do diálogo regular entre os inconscientes dos dois protagonistas do tratamento.

Portanto, a coleta das informações serve, na verdade, para fazer vibrar meu inconsciente e despertar o do jovem que me consulta. Quando utilizo a expressão "meu inconsciente de analista", penso em todas as suas manifestações na sessão: nas palavras que me ocorrem, na intensidade do olhar que dirijo ao paciente, no timbre de minha voz, no meu aspecto, na minha maneira de me mexer na poltrona e em tudo o que constitui minha presença atuante. Convém que o jovem, sentado à minha frente, sinta que sou um terapeuta franco, aberto, sem artifícios nem reticências, que tenho vontade de me comunicar com ele, que ele é bem-vindo, que o recebo tal como é, sem julgá-lo, que não estou ali apenas porque preciso trabalhar, mas, acima de tudo, porque me interesso e tenho prazer em exercer minha profissão. Desejo ter acesso ao seu mundo interior e sentir as emoções que ele sente conscientemente e, sobretudo, as que não sente conscientemente! Quero expressar a dor de sua desunião, seu medo da humilhação e, algumas vezes, sua má vontade para com os adultos. Formulemos isso de outra forma. Procuro visualizar mentalmente a cena de sua fantasia perniciosa e transmitir-lhe o que vejo com palavras que o abalem. Cria-se então, no lapso de um instante, o inconsciente partilhado.

Mas o que aconteceu para que minhas palavras libertassem o adolescente de seu mal-estar? Pois bem, ao longo das sessões, minhas diferentes intervenções reveladoras de sua fantasia de humilhação terminaram por exercer uma influência sobre ele, mais exatamente sobre o que considero ser a parte doente de seu inconsciente, isto é, seu supereu. ***Meu objetivo final é agir sobre o supereu do adolescente***. Por que agir sobre o supereu? Porque o supereu do adolescente é seu tumor moral, seu inimigo interior, que o assoma com autocríticas e o sabota. O supereu corresponde exatamente ao personagem dominador e odioso da cena fantasística de humilhação. O supereu num jovem é mil vezes mais torturante e intrusivo do que aquele que ele forjou durante a infância, quando o garotinho ou a garotinha interiorizaram a moral de seus pais. É como se, ao longo da adolescência, o supereu não pudesse senão hipertrofiar-se em seu esforço permanente para enfrentar a ressaca das pulsões agressivas e sexuais típicas da puberdade. Ora, afinal, ***o que é o supereu? O supereu somos nós, é cada um de nós quando falamos mal de nós mesmos, sou eu mesmo quando me critico severamente***. O supereu é uma invenção formidável de Freud, mas ele o elaborou tanto que ele se reificou como se fosse uma entidade autônoma reprimindo nosso psiquismo. Mas não, o supereu não é uma coisa nem um ser, é uma faculdade, a faculdade propriamente humana de falar consigo mesmo e julgar-se. O supereu somos nós quando nos julgamos após a impressão de termos cometido um erro ou uma tolice. Somos nós quando dizemos, por exemplo: ***"Que burrice a minha!"***, ou mesmo: ***"Como fui ridículo!"*** Distingo assim três supereus: o supereu acusador que me julga: ***"Foi culpa minha!"***; o supereu perfeccionista que me avalia e desencoraja: ***"Sou um zero à esquerda! Nunca chegarei lá!"***; e, depois, o supereu odioso e sádico que me achincalha: ***"Sou uma m...!"*** O supereu é sempre o eu se recriminando. Ora, é sobre essas diferentes variantes de supereu que quero agir, pois estimo que ***o adolescente é, em primeiro lugar, um doente do supereu.*** Quando afirmo que trabalho com meu inconsciente deixando emanar de mim essa presença atuante, é para aliviar o supereu de meu jovem paciente e, ao fazê-lo, reduzir sua distorção interna *corpo/supereu* e diminuir a virulência de sua fantasia de humilhação. Quero atenuar o rigor de seu supereu, quero que o jovem, quando falar consigo mesmo, fale com temperança, que não se maltrate nem se denigra mais, quero que seja mais conciliador consigo mesmo. Meu objetivo é conseguir que ele aprenda a falar a si mesmo sem se insultar nem sentir aversão por si próprio.

Mas, para além das palavras pregnantes que dirijo a meu jovem paciente, palavras que traduzem a cena de sua fantasia, como fazer, precisamente, com que ele fale consigo de outra forma? Temos uma resposta apenas: conversando com ele tal como ele deveria falar consigo e tratar-se a si mesmo. Quero que ele diga a si próprio referindo-se a mim: "*É impressionante! Ele me trata melhor do que eu a mim mesmo!*" Ou ainda: "*Eu gostaria de poder me tratar como ele me trata!*" Em suma, para obter a flexibilização do supereu adolescente, o analista deve se dirigir a seu jovem paciente como seria recomendável que o paciente se dirigisse a si próprio. O teor do diálogo terapêutico deve progressivamente mostrar ao adolescente que existe um outro modo de relação do eu com os outros e do eu consigo mesmo que não o ditado por sua fantasia de humilhação *carrasco/vítima*. Estou convencido de que o apaziguamento do sofrimento de um adolescente em crise só dá frutos quando o profissional estimula em seu jovem paciente uma atenuação de seu supereu, incitando-o a produzir outra figura do supereu mais consentânea, mais pacificada, e, a partir disso, moderadora da fantasia de humilhação. Em outros termos, ***o analista deve ensinar ao jovem a falar consigo diferentemente, a se tratar com menos intransigência e a gostar mais de si***. Para terminar, se eu fosse definir o remoto ideal capaz de guiar o terapeuta em seu trabalho com um adolescente conturbado, diria que ele consiste em transformar a fantasia torturante da humilhação no sereno sentimento da humildade.

5. Como agir no cotidiano com um adolescente difícil?

Conselhos práticos aos pais

Como agir no cotidiano com um adolescente difícil, isto é, normalmente neurótico?

Conselhos práticos aos pais

Se você deseja que seu adolescente mude,
mude seu olhar sobre ele!

J.-D. N.

Eu gostaria agora de me dirigir, em especial, aos pais e de responder às perguntas mais frequentes que eles se fazem quando se acham em dificuldade com seu adolescente. Optei por lhes apresentar, nas páginas seguintes, as oito recomendações mais importantes que faço normalmente aos numerosos pais e mães que recebo em consulta para solucionar situações conflituosas sem gravidade.

Conselhos aos *pais*

- ***Saber esperar.*** Antes de qualquer outra coisa, nunca devemos esquecer que o ***melhor remédio*** para acalmar o jovem difícil de administrar ***é o tempo***. Pense que, cedo ou tarde, os aborrecimentos causados pelo comportamento de seu adolescente cessarão. Isso é inexorável, salvo no caso de uma patologia mental grave. Se você tiver em mente que ***a adolescência é uma etapa da vida que tem começo e fim***, terá forças para esperar, suportar e relativizar as mazelas inerentes a essa provação incontornável que todos os pais e filhos devem atravessar.

- ***Saber relativizar.*** Quando você faz uma admoestação ao seu filho, ou à sua filha, adolescente, o que ele ou ela ouve? Não é nem tanto a crítica moral que você lhe dirige, nem mesmo a emoção que toma conta de suas palavras. O que ele ouve, através de suas palavras, é muito mais profundo, é sua ***disponibilidade de espírito***. Para além de sua reação legítima e necessária de cólera ou decepção, é preciso que ele sinta que, no fundo de você mesmo, você não está desestabilizado pelo comportamento não obstante inadmissível que ele acaba de ter, que você não perdeu a confiança nele e que continua a acreditar que, aconteça o que acontecer, ele será melhor do que é hoje. Em suma, ***saiba separar a pessoa de seus atos***; você pode condenar um comportamento condenável sem com isso renegar seu amor de pai.

- ***Saber negociar. É preciso saber proibir e castigar, mas também firmar compromissos com o jovem.*** Se o seu adolescente comete um desvio de conduta (por exemplo, voltar a uma hora tardia bêbado ou cheirando a maconha), não reaja impulsivamente na hora. Espere o dia seguinte para conversar com ele e mostre-se firme, mas aberto ao diálogo. ***Você não é nem um policial nem um colega.*** Não se esqueça de que sua filha, ou seu filho, espera que você desempenhe o papel do adulto protetor que não hesita em fixar limites quando necessário. Fixar limites significa não apenas ***proibir*** (evitando sempre humilhar ou acuar o jovem), mas também ***negociar*** com ele. Além disso, é preferível que essa conversa, frequentemente difícil e às vezes frustrada, seja concluída com uma iniciativa positiva de sua parte: por exemplo, sugerir a seu filho que promova uma festa em casa com alguns colegas que participaram do programa da véspera. Seu filho, ou sua filha, se sentirá então valorizado aos olhos dos amigos e você terá a oportunidade de conhecer suas companhias – boas ou más. Mais tarde, num momento favorável e estando mais bem-informado, você poderá voltar a falar com ele do mencionado programa, de seus colegas e de sua relação com o álcool ou a maconha.

- ***Saber não comparar.*** Quando o repreender, ***nunca o compare*** com um de seus irmãos ou irmãs ou com outro jovem que tenha um comportamento exemplar. Colocando-o em concorrência com um modelo, você julga provocá-lo esperando um sobressalto de orgulho. Pois bem, você se engana: em vez de espicaçá-lo, você o desencoraja, ou pior, humilha-o.

- ***Nunca pressagie um fracasso de seu filho. Ao contrário, seja sempre positivo.*** Para estimular seu adolescente a cumprir uma obrigação escolar, por exemplo, ***nunca o amedronte anunciando-lhe um fracasso certo, caso ele não se aplique.*** Não é a ameaça de um fracasso que irá estimulá-lo, uma vez que ele não sabe antecipar os problemas e evitá-los. Ele só vive no presente e, no lugar de sentir-se atemorizado por uma eventual frustração, ele só reterá de suas palavras preventivas a sua falta de confiança nele. Você quer protegê-lo do fracasso, mas ele só ouvirá seu suposto pessimismo! Eis por que é inútil brandir o espantalho da frustração. É mais aconselhável levá-lo a empenhar esforços naquilo que deve fazer concretamente. É preferível que ele tenha aulas particulares numa das matérias em que é fraco, com um professor qualificado, para aprender a trabalhar, conhecer o prazer de dominar uma noção e, sobretudo, sentir-se reconhecido em seus progressos pelo professor do colégio. Esses êxitos pontuais propiciarão ao adolescente uma melhor opinião de si mesmo e, a partir disso, uma tolerância maior em relação ao outro.

- ***Um adolescente insuportável com os pais é muitas vezes bastante apreciado fora de casa.*** Com efeito, às vezes os pais são agradavelmente surpreendidos ao receberem elogios a respeito do comportamento em sociedade de seu filho, ou sua filha, ao passo que em casa eles são intratáveis. Como explicar isso? Em primeiro lugar, convém saber que o amor dos pais pode ser vivenciado por seu adolescente não como uma afeição terna e protetora, e sim como uma pressão sufocante: ***"Sei muito bem que meus pais me amam,***

mas não sinto seu amor; eles só se interessam pelo meu desempenho escolar e não pela minha pessoa; eles mandam em mim e me julgam, ao invés de me amar. Já meus avós não me julgam e me amam como sou, sem exigirem nada de mim.*"** Em suma, no coração de um adolescente neurótico, o amor de seu pai e de sua mãe é desafortunadamente suplantado pelas exigências e pontos de vista: "*Quanto mais me sinto julgado pelos meus pais, menos me sinto amado. Inversamente, o amor dos outros adultos é um alívio para mim; é um amor sem exigências, um amor sereno que não me angustia e, ao contrário, me consolida!*" Eis por que um adolescente pode ser intratável em casa e afável fora dela. E eis por que também os terceiros – os avós, o tio, um amigo da família, o médico de referência, um professor e às vezes colegas – são mais bem-aceitos pelo adolescente, podendo desempenhar um papel bastante positivo no desfecho de uma eventual crise. ***As intervenções dos terceiros são muitas vezes bem-recebidas pelo jovem porque não oferecem o risco de reavivar seu sentimento de inferioridade.

- Justamente, a respeito dos terceiros, não hesite em fazê-los intervir em caso de conflito com seu adolescente. Os avós, um tio, uma tia, um amigo da família ou mesmo um professor que o adolescente aprecia particularmente constituem muitas vezes recursos inestimáveis para evitar os enfrentamentos explosivos pai-filho ou mãe-filha. ***Em caso de tensões com seu filho, não reaja desafiando-o, tentando impor sua autoridade***. Você pode vir a se arrepender por isso.

- Não esqueça que sua atitude perante o adolescente é frequentemente estimulada por seus sonhos acerca do que ele deveria ser. ***Seja realista e ame-o como ele é.*** A agressividade e a viva suscetibilidade do adolescente neurótico são reações alimentadas pelas expectativas igualmente neuróticas, embora compreensíveis, de seus pais. Decerto, o sofrimento de um adolescente neurótico é fruto dos dilaceramentos que ele sofre entre as exigências de seu corpo e as exigências de sua moral, mas deve-se igualmente a um mal-entendido profundo entre ele e seus pais: estes não aceitam o filho tal como este veio a ser, e o jovem, de sua parte, pensa que é por causa dos pais que não realiza seus sonhos. Imagina-se impedido pelo pai ou a mãe de ser ele mesmo e de fazer o que julga correto fazer. "*Você não é como deveria ser!*", lamentam-se, constantemente, os pais de Cyril; e ele replica: "*São vocês que me impedem de ser o que quero ser... mesmo eu sabendo que meu ideal – ser um astro de rock, por exemplo – é um sonho de criança!*" Observe que os pais também sofrem, pois devem realizar o luto do bebê dócil de ontem que seu adolescente deixou de ser e, ao mesmo tempo, aceitar que o garoto ou a garota de hoje não seja aquele ou aquela que sonharam ter. ***Na verdade, os pais de um adolescente devem assumir duas perdas: a perda de sua criancinha que cresceu e a perda de sua ilusão de um adolescente ideal, seguro, sem grandes dificuldades escolares, amando a família e seus valores.*** Ora, essa ilusão dos pais, vivida como uma expectativa legítima, é percebida pelo adolescente neurótico como uma exigência esmagadora. "*Como se não bastassem minhas dificuldades e meus temores* – nos diz Cyril –, *ainda tenho que suportar a ansiedade da expectativa deles. Eles me irritam!*"

6. Excertos das obras de S. Freud e J. Lacan sobre a adolescência precedidos por nossos comentários

Os subtítulos, bem como as linhas
em negrito que apresentam os excertos
de Freud e Lacan, são de autoria de J.-D. N.

FREUD

O masculino e o feminino

É na adolescência que se afirma a identidade masculina e feminina, pois, nessa idade, os diferentes prazeres físicos subordinam-se ao primado do prazer genital: prazer masculino de penetrar e prazer feminino de ser penetrada.

"[Na puberdade, todas] as zonas erógenas submetem-se ao primado da zona genital."[1]

"É preciso esperar a puberdade para que se instale a forte diferenciação das características masculina e feminina, oposição que, na sequência, exerce mais que outra qualquer uma influência decisiva sobre a maneira como vivem os seres humanos."[2]

*

O adolescente escolhe sua namorada
segundo o modelo de seus primeiros desejos
sexuais infantis por seus pais e
os personagens que cuidam dele

É inicialmente na puberdade, e mais tarde na idade adulta, que a escolha de um parceiro amoroso é guiada pela revivescência de um antigo desejo sexual da criancinha edipiana por seus pais.

"Quanto à escolha de objeto [escolha de um parceiro amoroso], esta é guiada pelos sinais de inclinação sexual da criança – revigorados na puberdade – a respeito de seus pais e dos adultos que cuidam dela."[3]

*

O adolescente apaixonado

O adolescente apaixonado consegue melhor do que ninguém condensar num único impulso sexo e ternura: o desejo sexual e o amor carinhoso por sua namorada.

"O adolescente consegue a síntese do amor não sensual, celestial, e do amor sensual, terreno, e sua relação com o objeto sexual caracteriza-se pela ação conjugada das pulsões não inibidas [desejo sexual] e daquelas inibidas quanto ao objetivo [amor terno]."[4]

*

"Durante o período transitório que é a puberdade, os desenvolvimentos somáticos e psíquicos desdobram-se durante certo tempo em paralelo e sem ligação, até que a irrupção de uma intensa moção amorosa, enervando as partes genitais, produza a unidade normalmente necessária da função amorosa [o amor terno confunde-se com o desejo sexual]."[5]

*

Para construir uma relação afetiva duradoura, o adolescente apaixonado deverá aprender que a ternura no casal é tão essencial quanto o desejo sexual. Se houvesse apenas sexualidade, o casal decerto seria instável e efêmero.

"As pulsões sexuais inibidas quanto à finalidade [ternura] têm sobre as não inibidas [desejo sexual] uma grande vantagem funcional. Como [as pulsões inibidas] não são suscetíveis de uma satisfação total, elas se mostram particularmente capazes de criar laços duradouros, ao passo que as pulsões diretamente sexuais perdem a cada vez sua energia em virtude da satisfação."[6]

*

As pulsões sexuais do adolescente hoje são irresistivelmente atraídas para o passado pelas fantasias infantis sempre em ação no inconsciente do jovem. Esse dilaceramento entre o presente e o passado, entre o frescor das pulsões pubertárias e a tendência a regredir à infância, é uma das causas da neurose juvenil de crescimento.

"... de tal maneira que as moções sexuais posteriores da puberdade correm o risco de se deixarem arrastar pela atração dos protótipos infantis [fantasias] e segui-los no recalcamento. Alcançamos aqui a etiologia mais imediata das neuroses."[7]

*

O adolescente é um sonhador, e
a adolescência, a idade das fantasias,
em especial das fantasias sexuais

Observemos que, no excerto seguinte, Freud propõe a mais simples e precisa definição da fantasia. O que é uma fantasia? Uma fantasia é uma representação mental que não está destinada a se realizar.

"Mas a escolha de objeto [escolha de um parceiro amoroso] consuma-se antes de tudo na representação, e a vida sexual do adolescente que acaba de chegar à maturidade não tem praticamente nenhuma outra possibilidade de desabrochar senão nas fantasias, isto é, em representações que não estão destinadas a se realizar."[8]

*

No fim da adolescência, o jovem, menos sonhador e mais realista, é capaz de atravessar uma das provas decisivas para sua vida de adulto: deixar seus pais

"Justamente no momento em que são ultrapassadas e rechaçadas essas fantasias claramente incestuosas, ocorre uma das realizações psíquicas mais significativas, mas também mais dolorosas, da puberdade: a libertação da autoridade dos pais."[9]

*

O nojo da sexualidade nas meninas

Na menina, o asco diante da sexualidade – distúrbio tipicamente histérico – é, entretanto, uma reação perfeitamente normal na adolescência e uma manifestação frequente do que denomino uma saudável histeria juvenil.

"A principal distinção [entre menina e menino] é assinalada na puberdade, quando uma aversão à sexualidade *sem caráter neurótico* [isto é, passageira] apodera-se das meninas, ao passo que a libido prevalece no menino."[10]

*

O excesso de pudor é uma reação típica na jovem adolescente

Para Freud, o excesso de pudor da menina é explicado por um recalcamento demasiado brutal do prazer clitoridiano dominante desde a infância. O pudor, a frigidez, a aversão à sexualidade ou a rigidez moral e, mais genericamente, os comportamentos histéricos são consequências, na jovem adolescente assustada, de um recalcamento excessivamente intenso (supereu) do prazer sexual clitoridiano.

"É nessa fase [puberdade] que outra zona sexual se retrai [recalcamento] na mulher. Quero falar da região do clitóris, onde, durante a infância, a sensibilidade sexual feminina parece concentrada. Daí o excesso de pudor de que dá provas nesse momento o ser feminino, até que, espontaneamente, a nova zona vaginal desperta. Daí, talvez, a frigidez feminina."[11]

*

A puberdade é um período propício à revivescência de um antigo trauma eventualmente ocorrido na infância

A puberdade é o período da vida em que as lembranças dos antigos traumas infantis se reacendem com facilidade.

"[Para que um trauma retorne à consciência], faz-se necessária uma única condição: o sujeito deve ter atingido a idade da puberdade no lapso de tempo que separa o incidente [trauma] de sua repetição mnemônica [lembrança do trauma], a puberdade intensificando imensamente o efeito da revivescência."[12]

*

LACAN

A virilidade do menino

Para Lacan, é no momento da puberdade que se define a virilidade do menino, com a condição, todavia, de ele encontrar no pai, na fase do Édipo, uma imagem masculina com a qual se identifique.

"A criança [o menino de cinco anos] tem todo o direito de ser um homem, e o que lhe possa ser contestado, mais tarde, no momento da puberdade, deverá ser relacionado a alguma coisa que não tenha cumprido completamente a identificação metafórica com a imagem do pai ..."[13]

*

A puberdade, idade propícia à neurose

É na puberdade que vão se reacender as brasas mal-apagadas do Édipo, sob a forma dos sintomas de uma saudável histeria juvenil.

"Os fragmentos, os detritos mais ou menos incompletamente recalcados do Édipo vão ressurgir no nível da puberdade sob a forma de sintomas neuróticos."[14]

*

O corpo de um efebo é a imagem mais acabada do objeto do desejo

O corpo grácil, quase feminino de um púbere, menino ou menina, é a imagem mais acabada do falo, objeto supremo do desejo. Comentando a tela **Psiquê surpreende Amore*****, de Zucchi, Lacan afirma:***

"No quadro, é Psiquê quem está iluminada, e como lhes ensino há muito tempo, com referência à forma grácil da feminilidade, no limite entre o púbere e o impúbere, ela é que é, para nós, a imagem fálica."[15]

*

O estádio do espelho de Lacan e o que eu chamo de *estádio da adolescência*

Para compreender melhor a histeria saudável do adolescente, proponho-lhes compará-la com a excitação alegre sentida pelo bebê quando é surpreendido por sua imagem refletida no espelho. Sugiro ao leitor reler o texto de Lacan "O estádio do espelho", em especial as primeiras páginas, nas quais ele aponta o júbilo da criancinha diante de sua imagem especular. Eis um curto e significativo excerto dessas páginas:

"A assunção jubilatória de sua imagem especular por esse ser ainda mergulhado na impotência motora e na dependência da amamentação ..."[16]

Com efeito, se aproximarmos o conceito de "estádio do espelho" de Lacan do que chamo de "estádio da adolescência", perceberemos uma dinâmica comum. Tanto o bebê, para alcançar a unidade de seu "eu", como o adolescente, para alcançar a maturidade de seu eu, devem superar uma contradição importante. Na criança, a contradição irrompe entre seu corpo imaturo, fervilhante de pulsões, e a imagem fascinante de si que ela descobre no espelho. No adolescente, em contrapartida, a contradição não é mais entre corpo e imagem, mas entre seu corpo pubertário, fervilhante de pulsões, e suas autocríticas, extremamente severas; em outros termos, entre seu corpo transbordante de desejo e seu supereu, que o condena. O bebê de quinze meses rejubila-se descobrindo sua imagem; o adolescente de quinze anos histericiza-se represando a inundação pulsional que o submerge. Histericizar-se significa tanto amar a si mesmo a ponto de julgar-se onipotente quanto odiar-se a si mesmo a ponto de autodepreciar-se. A jubilação narcísica está para a criança do espelho assim como os excessos de amor e de ódio de si estão para o adolescente. Para compreender melhor minha aproximação entre o ***estádio do espelho*** de Lacan e o ***estádio da adolescência***, sugiro ao leitor ler as p.81-2 do livro *Meu corpo e suas imagens* (Rio de Janeiro, Zahar, 2009).

*

* *

Referências dos excertos citados sobre a adolescência

Freud

1. *Drei Abhandlungen zur Sexualtheorie* (1905) (*Trois essais sur la théorie sexuelle*), Francfort-sur-le-Main, Fischer, 1972, p.108 (trad.: Olivier Mannoni). [Ed. bras.: "Três ensaios sobre a teoria da sexualidade", in *Edição Standard Brasileira das obras completas de Sigmund Freud* (*ESB*), vol.VII, Rio de Janeiro, Imago, várias eds.]
2. Ibid., p.119.
3. Ibid., p.134.
4. "Psychologie des foules et analyse du moi" (1921), in *Essais de psychanalyse*, Col. Petite Bibliothèque, Payot, 2001, p.196-7. [Ed. bras.: "Psicologia das massas e análise do eu", in *ESB*, vol.XVIII, op.cit.]
5. *Drei Abhandlungen zur Sexualtheorie* (1905) (*Trois essais sur la théorie sexuelle*), op.cit., p.134. [Ed. bras.: "Três ensaios sobre a teoria da sexualidade", in *ESB*, vol.VII, op.cit.]
6. "Psychologie des foules et analyse du moi" (1921), in *Essais de psychanalyse*, op.cit., p.235-6. [Ed. bras.: "Psicologia das massas e análise do eu", in *ESB*, vol.XVIII, op.cit.]
7. *Hemmung, Symptom und Angst* (1926) (*Inhibitions, symptômes et angoisse*), Francfort-sur-le-Main, Fischer, 1992, p.97 (trad.: Olivier Mannoni). [Ed. bras.: "Inibições, sintomas e angústia", in *ESB*, vol.XX, op.cit.]
8. *Drei Abhandlungen zur Sexualtheorie* (1905) (*Trois essais sur la théorie sexuelle*), op.cit., p.125. [Ed. bras.: "Três ensaios sobre a teoria da sexualidade", in *ESB*, vol.VII, op.cit.]
9. Ibid., p.126.
10. *La naissance de la psychanalyse*, PUF, 1979, p.206.
11. Idem.
12. Ibid., p.130.

Lacan

13. *Le Séminaire*, livre V, *Les formations de l'inconscient* (1957-58), Col. Champ Freudien, Seuil, 1998, p.195. [Ed. bras.: *O Seminário*, livro 5, *As formações do inconsciente*, Rio de Janeiro, Zahar, 1999, p.201.]
14. *Le désir et son interprétation* (seminário inédito), lição de 29 abr 1959.
15. *Le Séminaire*, livre VIII, *Le transfert* (1960-61), Col. Champ Freudien, Seuil, 2001, p.287. [Ed. bras.: *O Seminário*, livro 8, *A transferência*, Rio de Janeiro, Zahar, 1992, p.303.]
16. *Écrits*, Col. Points Essais, Seuil, 1966, p.94. [Ed. bras.: *Escritos*, Rio de Janeiro, Zahar, 1998, p.97-8.]

7. Indicações bibliográficas sobre a adolescência

Freud

La naissance de la psychanalyse (1897), PUF, 1979, p.130 e 206.
"Trois essais sur la théorie sexuelle" (1905), parte III (nova tradução), Col. Petite Bibliothèque, Payot. [Ed. bras.: "Três ensaios sobre a teoria da sexualidade", in *Edição Standard Brasileira das obras completas de Sigmund Freud* (*ESB*), vol.VII, Rio de Janeiro, Imago, várias eds.]
"Dora. Fragment d'une analyse d'hystérie" (1905), Col. Petite Bibliothèque, Payot, 2010. [Ed. bras.: "Fragmento da análise de um caso de histeria", in *ESB*, vol.VII, op.cit.]
Intervenção de Freud após a conferência do dr. Reitler "*O despertar da primavera*, de F. Wedekind" (1907), in *Les premiers psychanalystes*, Minutas da Sociedade Psicanalítica de Viena, I, 1906-08, Gallimard, 1976, p.133-40.
"Psychologie des foules et analyse du moi" (1921), in *Essais de psychanalyse*, Col. Petite Bibliothèque, Payot, 1981, p.175-81. [Ed. bras.: "Psicologia das massas e análise do eu", in *ESB*, vol.XVIII, op.cit.]
"Preâmbulo à primeira edição" (1925), in *Jeunes en souffrance: Psychanalyse et éducation spécialisée*, de A. Aichhorn, Les Éditions du Champ Social, 2000.
Inhibitions, symptômes et angoisse (1926), PUF, 1965, p.83. [Ed. bras.: "Inibições, sintomas e angústia", in *ESB*, vol.XX, op.cit.]
Abrégé de psychanalyse (1938), PUF, 1985, p.12-7. [Ed. bras.: "Esboço de psicanálise", in *ESB*, vol.XXIII, op.cit.]

*

Lacan

"Les complexes familiaux dans la formation de l'individu" (1938), in *Autres écrits*, Seuil, 2001, p.46, 51 e 67. [Ed. bras.: "Os complexos familiares

na formação do indivíduo", in *Outros escritos*, Rio de Janeiro, Zahar, 2003, p.52-3, 57-8, 73.]
Le Séminaire, livre V, *Les formations de l'inconscient* (1956-58), Col. Champ Freudien, Seuil, 1998, p.179-96. [Ed. bras.: *O Seminário*, livro 5, *As formações do inconsciente*, Rio de Janeiro, Zahar, 1999, p.185-203.]
Le désir et son interprétation (seminário inédito), lição de 29 abr 1959.
Le Séminaire, livre VIII, *Le transfert* (1960-61), Col. Champ Freudien, Seuil, 2001, p.277-91. [Ed. bras.: *O Seminário*, livro 8, *A transferência*, Rio de Janeiro, Zahar, 1992, p.292-308.]
Écrits, Seuil, 1966, p.94. [Ed. bras.: *Escritos*, Rio de Janeiro, Zahar, 1998, p.97-8.]
"Préface à *L'Éveil du printemps*" (1974), in *Autres écrits*, op.cit., p.561-3. [Ed. bras.: "Prefácio a *O despertar da primavera*", in *Outros escritos*, op.cit., p.557-9.]

*

Blos, P. *The Adolescence Passage: Developmental Issues*. Nova York, International University Press, 1979.
Braconnier, D. *Guide de l'adolescent*. Paris, Odile Jacob, 2001.
______ e D. Marcelli. *Adolescence et psychopatologie*. Paris, Masson, 2007.
Brusset, B. "L'anorexie mentale des adolescents" e "La boulimie", in S. Lebovici, R. Diatkine e M. Soulé. *Nouveau traité de psychiatrie de l'enfant et de l'adolescent*, t.II. Paris, PUF, 1997, p.1693-721.
Centre des Études de l'Emploi. *Les familles monoparentales en France*, jun 2007.
Chartier, J.-P. *Délinquants et psychanalystes*. Paris, Hommes et Groupes, 1986.
Choquet, M. *Adolescents. Enquête nationale*. Paris, Inserm, 1994.
______. *La santé des jeunes de 14 à 20 ans pris en charge par les services du secteur public de la Protection Judiciaire de la Jeunesse*. Paris, Inserm, 2004.
______. *Santé des jeunes: Étude sur l'évolution de la santé des jeunes de 1993 à 2003*. Paris, Inserm, 2005.
______. "Enquête Espad, 2007", *Tendances*, n.64, 2009.
______ e S. Ledoux. *Adolescents: Enquête nationale auprès de 12.000 élèves du second degré*. Paris, Inserm, 1994.
______ e X. Pommereau. *Les élèves à l'infirmerie scolaire: Identification et orientation des jeunes à haut risque suicidaire*. Paris, Inserm, 2001.

______, L. Com-Ruelle e N. Leymarie. *Les 13-20 ans et l'alcool en 2001: Comportements et contextes en France.* Ireb, 2003.
______ e V. Granboulan. *Les jeunes suicidants à l'hôpital.* Sèvres, EDK, 2004.
______, C. Hassler e D. Morin. *Santé des 14-20 ans: De la protection judiciaire de la jeunesse, sept ans après.* Paris, Inserm, 2005.
Corcos, M. e P. Jeammet. *Évolution des problématiques à l'adolescence: L'émergence de la dépendance et des aménagements.* Paris, Doin, 2010.
Deutsch, H. *Problèmes de l'adolescence.* Paris, Payot, Col. Petite Bibliothèque, 2003.
Dolto, F. "Psychothérapie des enfants et des adolescents", *Lettres de l'École Freudienne de Paris*, n.22, 1978, p.486-98.
______. *La cause des adolescents.* Paris, Laffont, 1997.
______ e C. Dolto-Tolitch. *Paroles pour adolescents ou le complexe du homard.* Paris, Hatier, 1989.
______ e J.-D. Nasio. *A criança no espelho.* Rio de Janeiro, Zahar, 2008.
Dostoiévski, F. *L'adolescent.* Paris, Gallimard, 1951.
Dress. *La santé des adolescents*, n.322, jun 2004.
Érikson, E. *Adolescence et crise.* Paris, Flammarion, 1972.
Freud, A. "Adolescence", *Psycoanal. Stud. Child*, 13, 1958, p.255-78.
Glasman, D. e F. Œuvrard. *La déscolarisation.* Paris, La Dispute, 2004.
Golse, B. e A. Braconnier. *Dépression du bébé, dépression de l'adolescent.* Paris, Érès, 2010.
Gutton, P. *Psychothérapie et adolescence.* Paris, PUF, 2000.
______. *Le pubertaire.* Paris, PUF, 2003.
Houzel, D., M. Emmanuelli e F. Moggio. *Dictionnaire de psychopathologie de l'enfant et de l'adolescent.* Paris, PUF, 2000.
Huerre, P. e F. Marty. *Alcool et adolescence.* Paris, Hachette, 2007.
Ifergan, H. e E. Rica. *6-12 ans, l'âge incertain: Mais qu'est-ce qu'ils ont dans la tête?* (Prefácio de J.-D. Nasio). Paris, J'ai Lu, 2003.
Inspection Générale des Affaires Sociales (Igas). *Enquête sur la prévention et la prise en charge des adolescents et jeunes adultes souffrant de troubles psychiatriques.* Paris, La Documentation Française, 2004.
Jeammet, P. "Dynamique de l'adolescence", *Encycl. Méd. Chir., Psychiatrie*, 37-213-A-20, 1994.
______. *Pour nos ados, soyons adultes.* Paris, Odile Jacob, 2008.
______ e F. Ladame. *La psychiatrie de l'adolescence aujourd'hui.* Paris, PUF, 1986.
Jones, E. "L'adolescence et quelques-uns de ses problèmes", in *Théorie et pratique de la psychanalyse.* Paris, Désir/Payot, 1997, p.356-71.

Lacroix, J. *Timidité et adolescence*. Paris, Aubier, 1962.
Lagrange, H. e B. Lhomond. "Enquête ACSF adolescent 1994", in *L'Entrée dans la sexualité*. Paris, La Découverte, 1997.
Lampl-de Groot, J. "On adolescence", *Psychoanal. Stud. Child*, 15, 1960, p.95-103.
Laufer, M. "Perte d'objet et deuil à l'adolescence", *Adolescence*, 4, 1986, p.305-26.
Logos-Ananké. *L'Adolescent vers la psychanalyse*. Paris, Érès, 2004.
Marty, F. et al. *Le jeune delinquent*. Paris, Désir/Payot, 2002.
______ e P. Huerre. *Cannabis et adolescence*. Paris, Albin Michel, 2004.
Mauriac, F. "Un adolescent d'autrefois", in *Œuvres romanesque et théâtrale complètes*. Paris, Gallimard, Col. Bibliothèque de la Pléiade, 1985.
Mendousse, P. *L'Âme de l'adolescent*. Paris, PUF, 1953 e 1963.
Ministère de l'Éducation Nationale. *Les élèves du second degré dans les établissements publiques et privés à la rentrée 2006*. Nota de informação n.6, fev 2007.
Naouri, A. *Éduquer ses enfants: L'urgence d'aujourd'hui*. Paris, Odile Jacob, 2008.
______. *L'enfant bien portant*. Paris, Odile Jacob, 2010.
Nasio, J.-D. *A criança magnífica da psicanálise*. Rio de Janeiro, Zahar, 1988.
______. "Le concept d'adolescence". Conferência inédita (base para o presente livro), in *Séminaires Psychanalytiques de Paris*, dez 2000.
______. *Édipo, o complexo do qual nenhuma criança escapa*. Rio de Janeiro, Zahar, 2007.
______. *Comment agir avec un adolescent en crise?*. Conferência inédita (base para o presente livro), in *Séminaires Psychanalytiques de Paris*, jan 2009.
______. *Meu corpo e suas imagens*. Rio de Janeiro, Zahar, 2009.
Observatoire Français des Drogues et des Toxicomanies. *Enquête Espad*, 2005.
Observatoire Régional de la Santé. *Les jeunes en Île-de-France: Activités physiques, surpoids et conduites à risques*. Relatório de mar 2007.
Pommereau, X. *Quand l'adolescent va mal*. Paris, J'ai Lu, 1998.
______. *Rapport sur la santé des jeunes*. Paris, Inserm, 2002.
Rassial, J.-J. *L'Adolescent et le psychanalyste*. Paris, Payot, Col. Petite Bibliothèque, 2009.
Roots, N.N. "A neurosis in adolescence", *Psychoanal. Stud. Child*, 12, 1957, p.320-34.
Rufo, M. e C. Schilte. *Comprendre l'ado*. Paris, Hachette, 2000.

______ e M. Choquet. *Regards croisés sur l'adolescence, son évolution, sa diversité*. Paris, Anne Carrière, 2007.

Sommelet, D. *L'Enfant et l'adolescent, un enjeu de société, une priorité du système de soins*. Relatório ao ministro da Saúde. La Documentation Française, 2007.

Turgueniev, I. *Primeiro amor*. Porto Alegre, L&PM, 2008.

______. *Pais e filhos*. São Paulo, Cosac, 2009.

Varga, K. *L'Adolescent violent et sa famille*. Paris, Payot, Col. Petite Bibliothèque, 2002.

Versini, D. *Adolescents en souffrance: Plaidoyer pour une véritable prise en charge. Rapport thématique 2007*. République Française, nov 2007.

______. *La défenseure des enfants: Rapport d'activité 2007*. République Française, nov 2007.

______. *Enfants au cœurs des séparations parentales conflictuelles: Rapport thématique 2008*. République Française, nov 2008.

______. *La défenseure des enfants: Rapport d'activité 2008*. République Française, nov 2008.

______. *La défenseure des enfants: Rapport d'activité 2009*. République Française, nov 2009.

Winnicott, D.W. "Concepts actuels du développement de l'adolescent: leurs consequences quant à l'éducation", in *Jeu et réalité: L'espace potentiel*. Paris, Gallimard, 1975, p.190-207.

______. "Jane ou l'adolescence", in *La crainte de l'effondrement et autres situations cliniques*. Paris, Gallimard, 2000, p.92-111.

*

* *

Índice geral

Coleção Transmissão da Psicanálise

Não Há Relação Sexual
Alain Badiou; Barbara Cassin

Fundamentos da Psicanálise de Freud a Lacan
(4 volumes)
Marco Antonio Coutinho Jorge

Histeria e Sexualidade

Transexualidade
Marco Antonio Coutinho Jorge; Natália Pereira Travassos

Por Amor a Freud
Hilda Doolittle

A Criança do Espelho
Françoise Dolto e J.-D. Nasio

O Pai e Sua Função em Psicanálise
Joël Dor

Introdução clínica a Freud

Introdução Clínica à Psicanálise Lacaniana

Bruce Fink

A Psicanálise de Crianças e o Lugar dos Pais
Alba Flesler

Freud e a Judeidade
Betty Fuks

A Psicanálise e o Religioso
Phillipe Julien

Alguma vez é só sexo?

Gozo

O Que É Loucura?

Simplesmente Bipolar
Darian Leader

Freud e a descoberta do inconsciente
Octave Mannoni

5 Lições sobre a Teoria de Jacques Lacan

9 Lições sobre Arte e Psicanálise

Como Agir com um Adolescente Difícil?

Como Trabalha um Psicanalista?

A Depressão É a Perda de uma Ilusão

A Dor de Amar

A Dor Física

A Fantasia

Os Grandes Casos de Psicose

A Histeria

Introdução à Topologia de Lacan

Introdução às Obras de Freud, Ferenczi, Groddeck, Klein, Winnicott, Dolto, Lacan

Lições sobre os 7 Conceitos Cruciais da Psicanálise

O Livro da Dor e do Amor

O Olhar em Psicanálise

Os Olhos de Laura

Por Que Repetimos os Mesmos Erros?

O Prazer de Ler Freud

Psicossomática

O Silêncio na Psicanálise

Sim, a Psicanálise Cura!

J.-D. Nasio

Guimarães Rosa e a Psicanálise
Tania Rivera

A Análise e o Arquivo

Dicionário Amoroso da Psicanálise

Em Defesa da Psicanálise

O Eu Soberano

Freud – Mas Por Que Tanto Ódio?

Lacan, a Despeito de Tudo e de Todos

O Paciente, o Terapeuta e o Estado

A Parte Obscura de Nós Mesmos

Retorno à Questão Judaica

Sigmund Freud na sua Época e em Nosso Tempo

Elisabeth Roudinesco

O Inconsciente a Céu Aberto da Psicose
Colette Soler

1ª EDIÇÃO [2011] 7 reimpressões

ESTA OBRA FOI COMPOSTA POR SUSAN JOHNSON EM META PRO
E MINION PRO E IMPRESSA EM OFSETE PELA GRÁFICA PAYM
SOBRE PAPEL ALTA ALVURA DA SUZANO S.A. PARA
A EDITORA SCHWARCZ EM SETEMBRO DE 2024

A marca FSC® é a garantia de que a madeira utilizada na fabricação do papel deste livro provém de florestas que foram gerenciadas de maneira ambientalmente correta, socialmente justa e economicamente viável, além de outras fontes de origem controlada.